「いくつになってもキレイな人」のメイク

レイナ

三笠書房

もういい年だから…。
今さらキレイになろうなんて…。

もしそんなふうに
思っているとしたら、
もったいない！

女性は誰でも、
キレイになれる力を
秘めています。

諦めさえしなければ
いくつになっても
キレイになれるんです。

年齢による変化は誰にも平等に訪れるもの。
それをポジティブにとらえ、一歩踏み出すことで
「自分らしさ」を輝かせることができるのです。

あなたにも「キレイのスイッチ」が
あることに気づいてください。

メイクは、
スイッチを入れるための
道具にすぎません。

ファンデーションを
塗らなきゃいけない、
アイラインはキレイに
引かなきゃいけない。

そんなルールに
縛られる必要は
ないのです。

女性の美しくなりたいという願いは
とてつもないエネルギーに満ちています。

あなたがキレイになることは
まわりの人をも
ハッピーにする力を持っています。

さぁ！　一緒にキレイの一歩を踏み出しましょう。

自分を信じて、
何かひとつトライしてみることで、
キレイの歯車が回りはじめます。

「ねばならない」という思い込みは、
今すぐリセットしてしまいましょう。
もっと自由に、
あなたらしく輝くために……！

はじめに

雑誌や広告などで撮影のヘアメイクをするかたわら、ライフワークとして行ってきたメイクレッスン。様々なお客様の変化を目にするうちに「メイクは、イキイキと生きるためのエネルギーになる！」と気づかされました。

塗ることだけがメイクではありません。

大切なのは「隠す」ことよりも「活かす」こと。

キレイになるにはメイクのテクニックだけでなく、心の持ち方や呼吸、マッサージなど一見メイクと関係なく思えることが、実は鍵を握っているのです。

年齢も顔立ちも関係ありません。変わりたい！　キレイになりたい！　その一心と、自分をいたわる気持ちさえあれば、時間もお金もかけなくても、いくつになっても、誰でも必ずキレイに、元気になれます。

どうかみなさんお一人お一人が、ご自分というかけがえのない存在に自信をもって、毎日を笑顔で過ごせますように！　本書がその一助となれば幸いです。

メイクアップアーティスト

レイナ

Contents

Part 1 女性は気持ちひとつでキレイになる

Part 2

スキンケア

何歳からでも「美肌」はつくれる！

Part 3

ベースメイク

「塗りすぎない」のが若々しさの決め手

Part 4

眉メイク

眉こそが顔の「印象」を左右する

Part 5

アイメイク　大人に必要なのは「やわらかい線」

Part 6

リップメイク　幸せ顔のカギは唇の「ふっくら感」

Part 7

ヘアケア

「髪の毛までキレイな人」になる

こんなに変わるんです!

レイナ流
メイクで輝く!
実例集

主宰するメイクサロンCrystalline（クリスタリン）では、
週末を中心に予約制でプライベートレッスンを行っています。
毎回、レッスン前後の違いを写真で見比べるのですが、
たったの2時間で、みなさんの瞳がキラキラ輝き、
やわらかくて明るい自然な笑顔がこぼれます。
「キレイになる楽しさ」を
実際に体験された方々のお声を通じてお伝えします!

After

Before

H・Kさん
（30代）

POINT

- 顔のマッサージでリフトアップ
- 眉を内寄りに

自分の顔を活かしたメイクで、笑顔に自信を持てるように！

メイクのレッスンは初めてだったので緊張しましたが、やさしくわかりやすく教えてくださるのでリラックスできました。

メイク前のマッサージで、目が開き頬が上がりびっくり。コンプレックスだと思っていたパーツも形や色を活かしつつキレイにしてくださって、笑顔に自信も持てるようになりました。

After

Before

K・Kさん
（40代）

POINT

- ベースメイクをうすく
- 眉を太めで、ややストレートに

毎日のマッサージで顔の変化を実感！

メイクレッスンがマッサージから始まったことに驚きました。レッスン後は、日々のスキンケア時に習ったマッサージを実践してます。レッスンを受けるまではメイクに対して苦手意識がありましたが、レイナさんは不器用な私でも継続できる方法を丁寧に教えてくださり、メイクを楽しみたいという意欲が湧きました！

After

Before

N・Kさん
（40代）

POINT

- 顔のマッサージで輪郭スッキリ
- 眉を明るい色で太めに

メイクを楽しむことで、気持ちも表情も若々しくなった

頭皮や顔面のマッサージ、メイクをする前にこんなにも時間をかけて土台を整えるんだと正直びっくりしました。そしてレイナさんの魔法の手にかかった後の自分の変化に驚きました。

メイクひとつで、いくつになっても若々しく、前向きな気持ちになれるんだ！と思いました。

Before

After

A・Yさん
（50代）

POINT

- 肌のトーンアップ
- 眉と目元のフレームをはっきりと

年齢を気にせずにキレイを楽しみたいと思えました！

肌のくすみやたるみ、目元の変化に戸惑いを感じるようになり、レッスンを受けてみました。メイク前のマッサージでくすみが消え、顔も引き上がったこと、ちょっとしたメイクのポイントを押さえるだけで、悩みもカバーされたことに感動です。年齢にとらわれず、お手入れもメイクも楽しめるのだと実感しました。

メイクの仕上がり
一挙公開

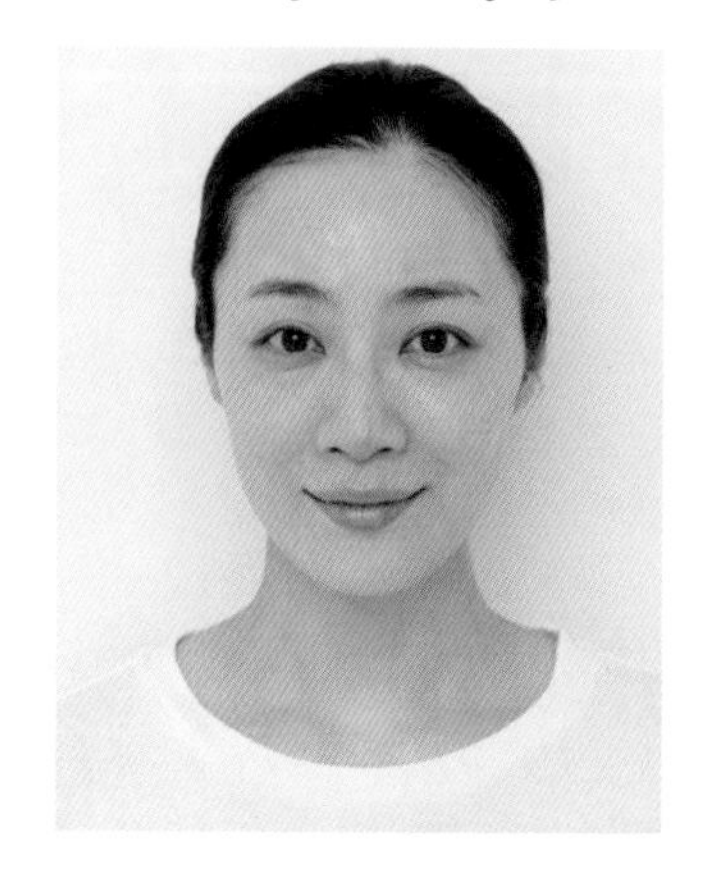

START

メイクは、ちょっとのことの積み重ねで完成に近づきます。
ここでは、その過程を一挙にご紹介しますが、
面倒な日は「ここまで！」でも「これだけ！」でも大丈夫！
お伝えしたいのは、少しずつ積み上がるキレイの過程。
全部しなくても十分にキレイ！
変わっていくワクワク感を、ぜひ感じてください。

01

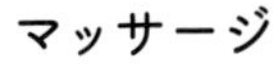

マッサージ

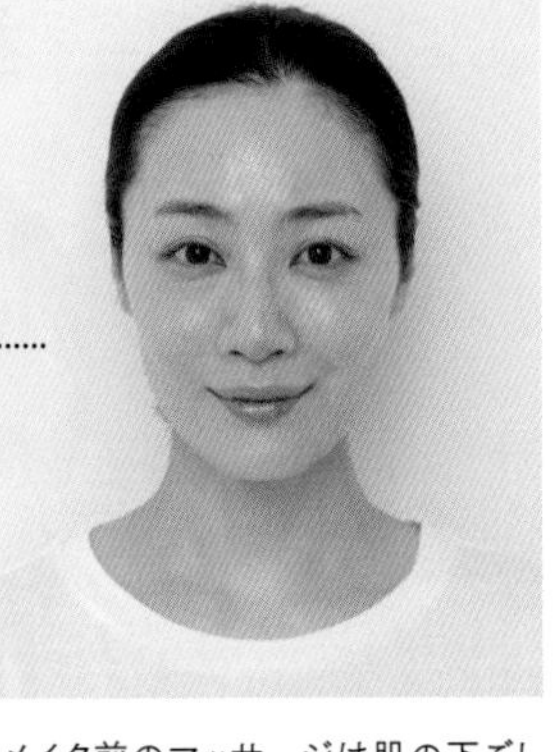

メイク前のマッサージは肌の下ごしらえです。たった30秒、顔をほぐすだけで血行がよくなって肌が明るくなり、メイクのりがよくなります。もちろん小顔効果も。

肌にやさしく、保湿力も高い化粧水。ムーンパール モイスチャーリッチ ローションII 140mL 11,000円＋税／ミキモト コスメティックス

◀ 詳しくは P.60 ～

02

日焼け止め＆下地

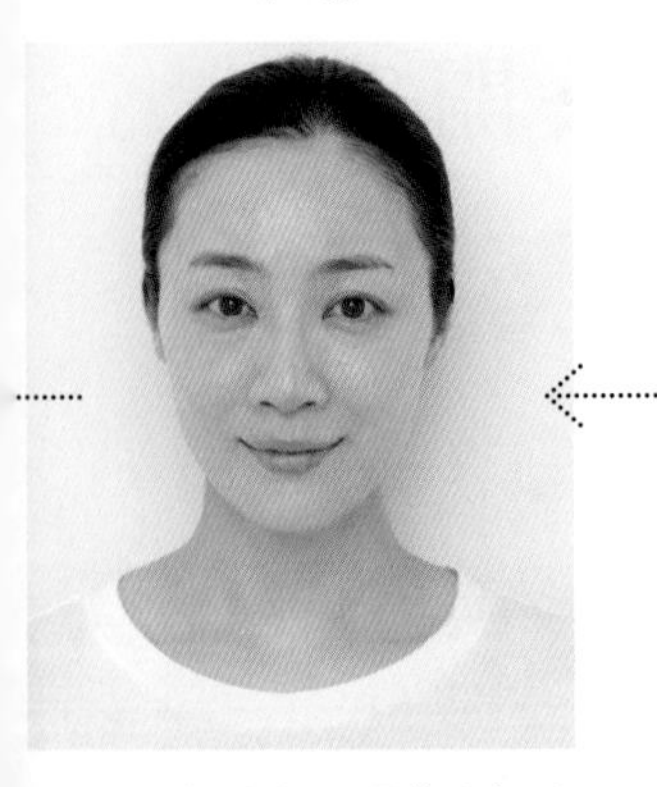

マッサージのあとは、日焼け止めと下地を塗ります。肌の凹凸や色ムラを整える化粧下地は、大人メイクの必須アイテムです。顔色を自然に明るく整えるオレンジ色を、顔の中心に塗ります。外側はうっすらでOK。

気になる毛穴もしっかりカバー。メディア メイクアップベースR SPF19・PA＋＋ オレンジ 30g 750円＋税／カネボウ化粧品

◀ 詳しくは P.78 ～

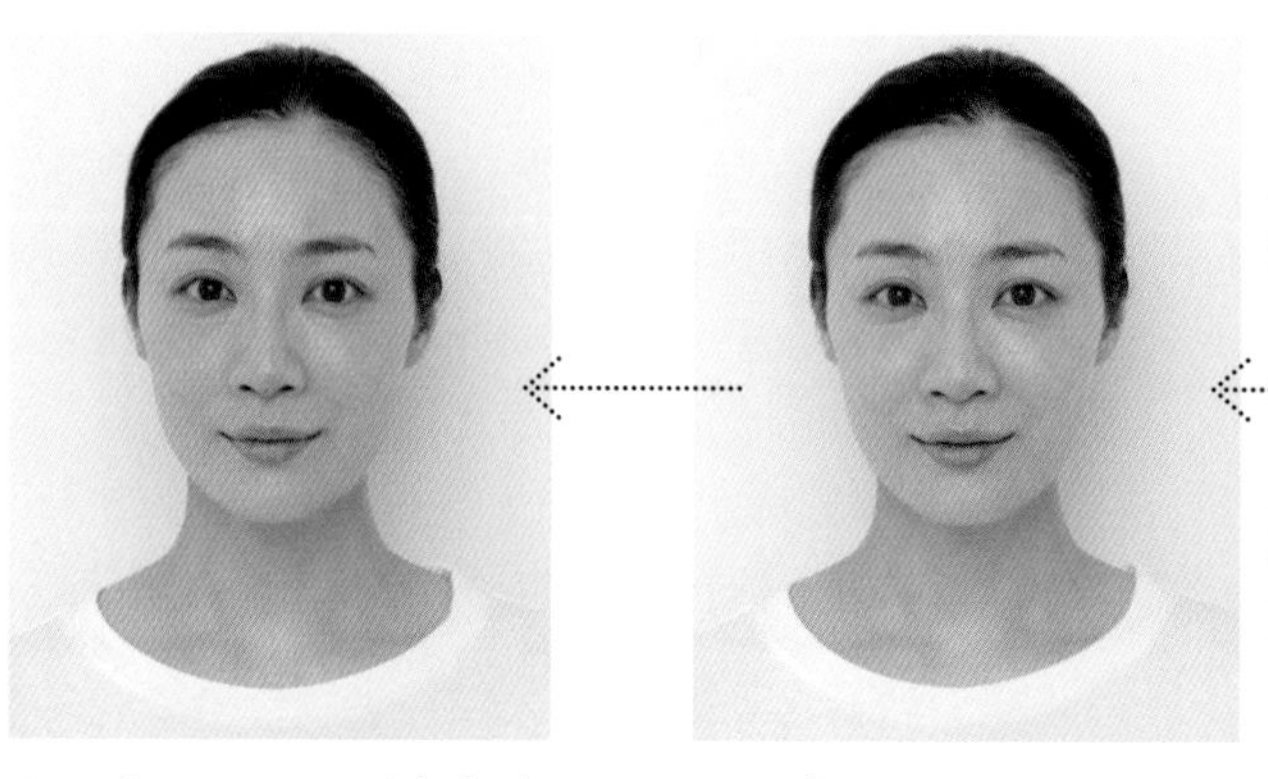

03

ファンデーション

ファンデーションの役割は色ムラ補正。顔全体に塗る必要はありません。視線が集中しやすい目まわりにうっすらと、たったそれだけでこんなにキレイに。

カバーしつつも自然なツヤ肌に。KANEBO　ライブリースキン　ウェア　SPF5・PA＋＋　オークルC　30g　全8色　10,000円＋税／カネボウインターナショナルDiv.

◀ 詳しくは P.80 ～

04

オレンジコンシーラー

オレンジコンシーラーは血色感を与えます。疲れ顔や老け顔の要因になるクマやたるみによる影をもとの肌色に引き上げ、明るい印象に整えます。

ひとつは用意したいパレットタイプのコンシーラー。左を使用。アンダーアイブライトナー　全1種　3,000円＋税／ケサランパサラン

◀ 詳しくは P.82 ～

05

イエローコンシーラー

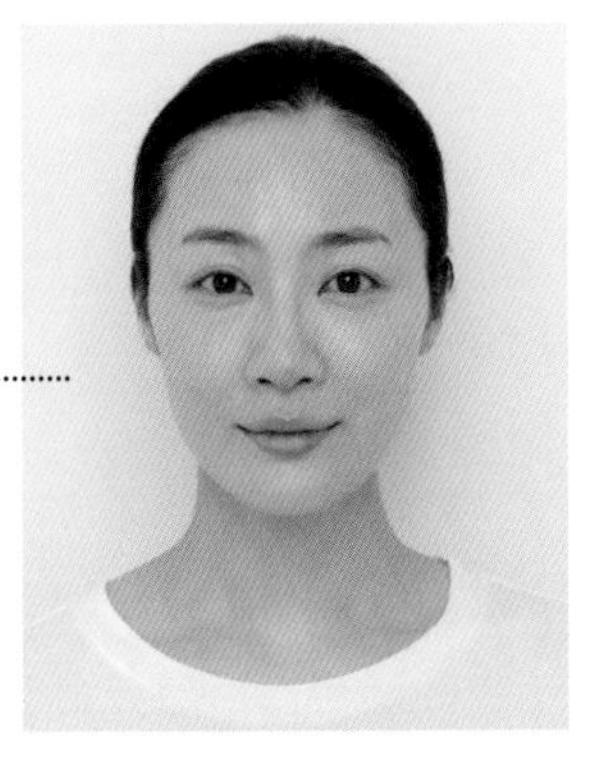

オレンジの上に今度はイエローコンシーラーを重ねます。黄色のハイライト効果で目元が明るくなり、目のパッチリ感がアップ。表情に立体感も出ます。

前ページと同じ。右を使用。アンダーアイブライトナー 全1種 3,000円＋税／ケサランパサラン

◀ 詳しくは P.82 〜

06

クリームチーク

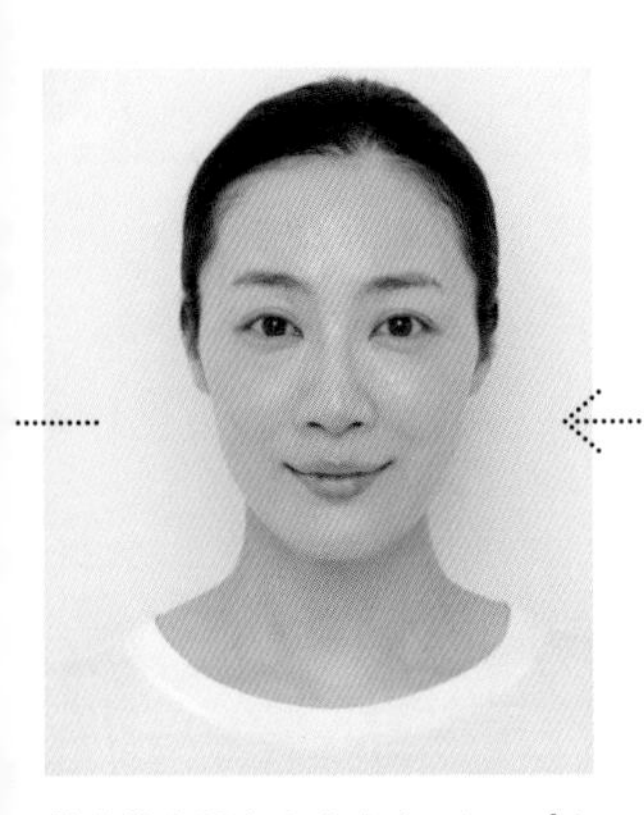

健康的な肌色を夕方までキープするため、ベースメイクの一部として、コーラルピンクのクリームチークを仕込みます。内側からにじみ出すような自然な血色肌に。

美容成分を配合したフェミニンな色。MiMC ミネラルクリーミーチーク 01 3,300円＋税／MIMC

◀ 詳しくは P.90 〜

07

フェイスパウダー

メイク崩れを防止するフェイスパウダーを崩れやすいパーツに薄～くのせます。全体にふんわり感が宿り、テカリのない自然なツヤ肌が完成します。

THREE アドバンスドエシリアルスムースオペレーター ルースパウダー 10g 全2種 5,500円＋税 ／THREE

◀ 詳しくは P.92 ～

08

眉メイク

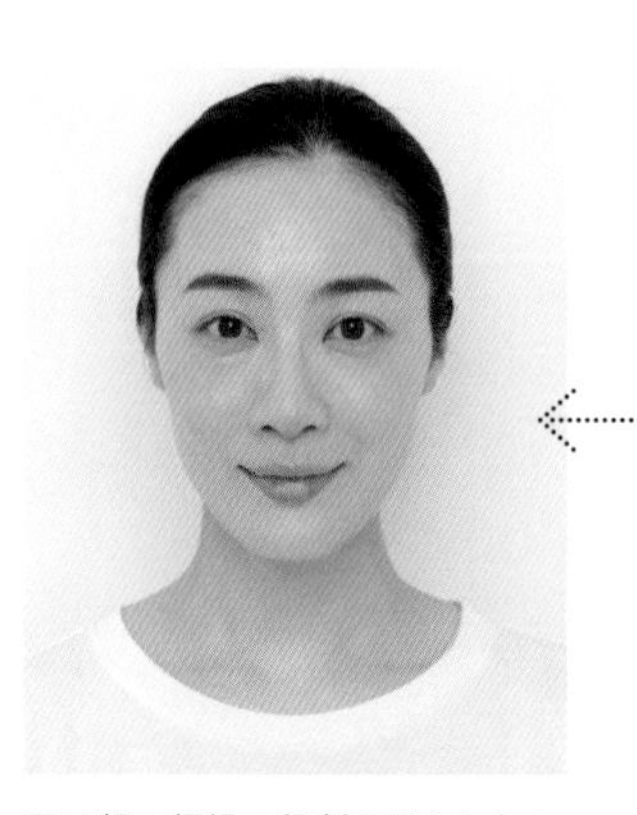

眉は顔の額縁の役割を果たします。目の丸みを意識して眉の下辺と眉山～眉尻をきちんと描くだけ。アイメイクなしでも眉が整うだけで目力が出ます。

右から、ナチュラグラッセ アイブロウペンシル 02 2,800円＋税／ネイチャーズウェイ、ヴィセ リシェ アイブロウパウダー BR-2 全3種 1,100円＋税（編集部調べ）／コーセー

◀ 詳しくは P.102 ～

09

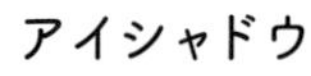

アイシャドウ

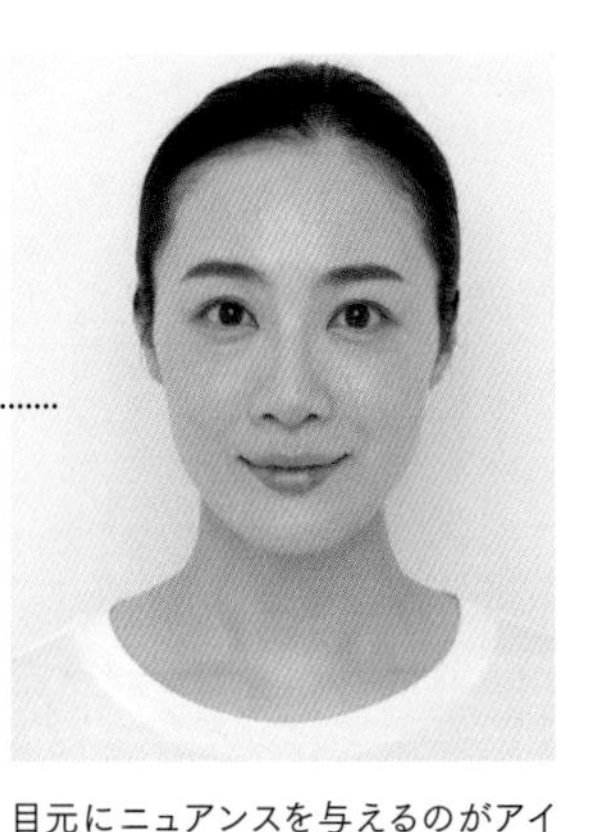

目元にニュアンスを与えるのがアイシャドウです。ナチュラルな立体感ならベージュやブラウン、可愛らしさならピンク系と、色で印象チェンジもかないます。

王道のブラウンパレット。ルナソル アイカラーレーション 18 6,200円＋税／カネボウ化粧品

◀ 詳しくは P.128～

10

アイライン＆マスカラ

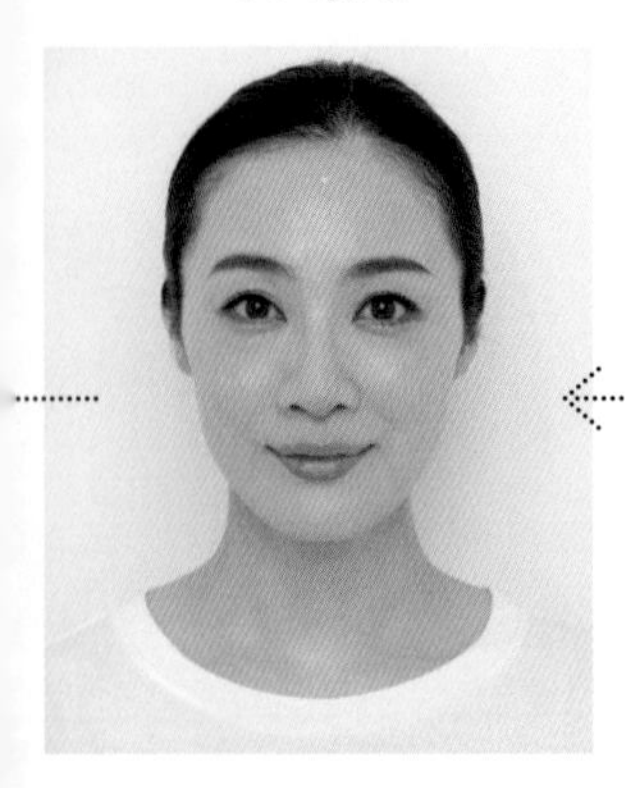

大人の目をハッキリ見せるために大切なのが、まつ毛ギワ。根元に「点々ライン」を引いて、まつ毛はしっかり上向きに。このふたつでパッチリ目に。

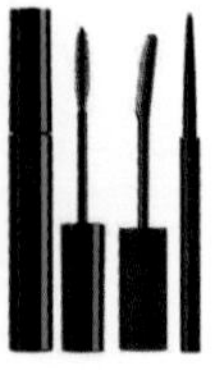

右から：ケイト レアフィットジェルペンシルN BR-1 1,100円＋税（編集部調べ）／カネボウ化粧品、アイエディション（マスカラベース） 全1種 1,000円＋税／エテュセ、パーフェクトエクステンションマスカラ 1,500円＋税／ディー・アップ

◀ 詳しくは P.134～

11

口紅

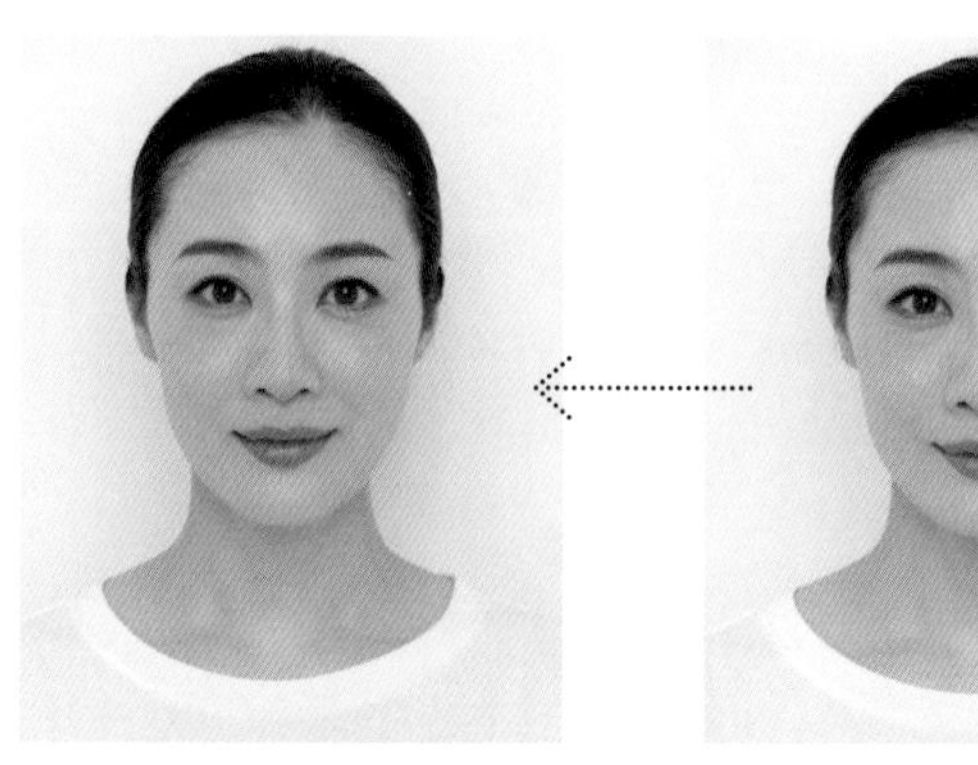

唇は女性らしさの象徴です。ふっくら感と自然なツヤが欠かせません。日本人の肌に合う、コーラルピンクのリップが、まずは1本あればOKです。

ピタッと密着して高発色。縦ジワやくすみもカバーしてくれる。サティシェ　エッセンスイン リップスティック e CO-14L　3,000円＋税／ CPコスメティクス

◀ 詳しくは P.162 〜

12

パウダーチーク＆ハイライト

どんなメイクもひとつにまとまる魔法のステップがパウダーチークです。仕上げにハイライトもプラスすることでより透明感と立体感のある顔に。

右から：RMK ピュア コンプレクション ブラッシュ　08　全10色　3,300円＋税／ RMK Division、ヴィセ　グロウ トリック　SP001　全1種 1,500円＋税（編集部調べ）／コーセー

◀ 詳しくは P.164 〜

13

ヘアスタイルを
整えて完成

髪の毛もメイクの一部。最後にきちんと整えます。
大人は顔まわりと後頭部のボリュームを意識するだけで、
一気に華やかで若々しい印象に仕上がります。

◀ 詳しくは P.172～

さあ、
大人メイク
はじめましょう！

Part 1

女性は気持ちひとつでキレイになる

Reina's Method

40歳からのキレイにはふたつの分かれ道がある

私自身も40代半ばになり、日々仕事をするなかで「美しく年を重ねていけるかどうか」にはふたつの分かれ道があることに気づきはじめました。

最初の分かれ道は、自分の変化をしっかり受け止められるかどうか。

特に最近ではマスク生活の影響もあり、フェイスラインのたるみが気になる方も多いのではないでしょうか。さらに、噛みグセや食いしばりなど、長年のクセが蓄積して輪郭が大きくなったりすることも。

また年齢によるホルモンバランスの変化などで痩せていく方もいれば、太ったりむくみやすくなる方もいます。

特にこのような変化は、40歳前後から出てきます。

どんなに美しい女優さんやモデルさんにも、同じように老化はやってきます。ただ、そうして年齢による変化が訪れたとき、諦めずにしっかり向き合って新たな方法を模索することがキレイのファーストステップだと思うのです。

そしてもうひとつの分かれ道が、その方法を実践するかしないか。

せっかく方法を知っても実践する方としない方とでは、進む道は変わってきます。仕事で多くの先輩にお会いしますが、魅力的な方々はみなさん好奇心が旺盛です。「初めてだけどやってみよう！」「わからないけど楽しそうだから！」そんな気持ちを持ち続けていらっしゃいます。

キレイになることだって同じです。顔の変化を受け入れること、そして諦めるのではなく、楽しみながら新しい方法に挑戦してみること。

大丈夫！　もし合わなければ、やめればいいだけですもの。せっかくご縁があってこの本を手にしてくださったのですから、まずはだまされたと思って何かひとつ試してみてください。

心配はいりません。失敗を恐れず、トライすることでキレイははじまります。

Reina's Method

ありのままでOK！もっと自分を認めてあげましょう！

メイクアップアーティストという仕事柄、さまざまな方に日々お会いします。年上の方にもたくさんお会いしますが、若々しいなと感じる方の共通点はみなさん年齢を気にしていないということ。むしろ、まだまだやりたいことが沢山あって、年を重ねることをポジティブにとらえている方ばかりです。

日本はなぜか、若さこそがよいものと過剰にもてはやされてしまう傾向があるようです。ヨーロッパではマダムのほうが魅力的だと言われるように、女性は中身が伴って成熟してこそ美しいのだと、いつも思います。

年齢による変化はむしろ女性としての進化なのではないでしょうか。

ですから、「40代だからこの色は似合わない」「50歳だから無難な色を……」なんて思う必要は一切ありません。むしろ、**年齢を理由にして諦めてしまったときに、女性は一気に老けてしまうのだと思います。**

いくつになっても女性がキレイになりたい、と思うのは自然なこと。まずは、キレイになりたいというその気持ちを認めて、自分の可能性を信じて向き合う時間をとってみませんか。自分と向き合う時間は、自分のいいところを見つけるチャンスです。

とはいえ、「自分にはいいところなんて……」と思う方も多いのが現実です。

私はいつも、女優さんでもモデルさんでも、レッスンに来てくださるお客様でも、その方の魅力を探してメイクをさせていただきます。どんな方にも「目元が素敵」とか「口が可愛らしい」とか、他の方とは違うその方だけの魅力があります。本人にとってはコンプレックスなパーツも、それは人とは違う、あなただけの魅力だったりするものです。まずは、ありのままの自分を認めてあげてください。

誰かと比べるのではなく、自分は代わりのいない唯一の存在だということに、どうかもっと自信を持ってください。それが、あなたらしく輝く力になります。

Reina's Method

メイクは「塗らない部分」があってもいいのです！

メイクが苦手――そんなふうに感じている方たちには、「思い込み」という共通の敵がいます。

本当は、メイクに**「しなくちゃいけない」なんてことはひとつもない**のです。フェイスラインにファンデーションは必要ありません。アイラインが線である必要はありません。なんとなく線に見えれば十分です。

もちろん、**時間もお金もかける必要だってありません。**

まずはその思い込みをいちどまっさらにしてみましょう！

メイクは主役ではなく、あなたを素敵に見せるための「道具」にすぎません。

肌がキレイなら日焼け止めだけでもいいですし、ファンデーションだって色ムラが気になるところにだけ塗れば十分です。むしろ、ファンデーションを顔全体に塗ってしまうと、素顔よりも余計に顔が平面的で大きく見えてしまうもの。

笑って高くなった位置に入れたチークも、顔にコリがある場合はかえって顔を下げて見せてしまうこともあります。

ですから、今まで思い込んできたメイクの**「ねばならない」はいちど忘れてしまいましょう。**

本来、メイクは簡単でシンプルなものです。**主役はあくまでも「あなた自身」。**メイクはその日一日を元気に、ハッピーに過ごすため、自信を持つためのスイッチです。ただ、自信を持つためには、人に褒められたりすることも大切。会う人に「いいね！」と言われるための本当にちょっとしたコツがあるのです。

濃いメイクをせずに自分の良さを引き出す方法を、これから一つずつ、わかりやすくお伝えしていきます。

毎日楽しみながらメイクをしていると、自然とあなたの行動範囲が広がり、きっと知らないうちに自信につながっていきますよ。

Reina's Method

大人メイクは「下ごしらえ」が8割

メイクというとつい、カバーするものと思ってしまいがちですが、大人になるほど**ベースメイクはシンプルに、薄くしていくほうが素敵です。**

薄づきメイクは持ちがよくなりますし、崩れるときもキレイに変化します。

逆に、厚塗りメイクは崩れるのも早く、老けて見える原因にもなります。必要以上に盛りすぎたメイクは、もはや、あなたらしさを失ってしまい、まわりには「頑張りすぎな人」というイメージを与えてしまいます。

また、シミなどは隠しすぎると余計に目立って見えてくるものです。

ひとまず気になるシミやクマは置いておいて、これからはご自身のキレイを引き出すメイクを心がけてみてください。

そのために大切なのが、**マッサージや下地など、肌のコンディションを整えるための下ごしらえ**です。

肌色が明るく透明感が出れば、ファンデーションは薄づきですみますし、目がパッチリと開けばアイメイクで無理に目力をつけなくても十分魅力的に見えてきます。

肌の血色やツヤなど、素材が持つ潜在能力を引き出してあげれば、メイクは薄くシンプルで十分なのです。

大人のメイクは、下ごしらえからスタートします。

そのときに忘れないでいただきたいのが、鏡を通してしっかり肌や顔と向き合うこと。「目元が下がってきたから、頭皮をしっかりマッサージしよう」「肌がくすんでいるからチークを少し多めにつけよう」、そうやって料理の味見をするように、毎日のメイクやお手入れを、少しずつ変化させてみてください。

塗ることだけがメイクではありません。「隠す」のではなく、「活かす」。

自分と向き合ってちょっとずつ変化させること。それがゆとりのある、大人の美しさへとつながるのではないでしょうか。

Reina's Method

自分の「素敵なパーツ」の見つけ方

「なんだか最初よりいい感じ！」

「若く見えるようになった」

「肌がすごくキレイ！」

これは、私が行っているグループレッスンで、終了後に参加者のみなさんがお互いの印象について話し合う際によく耳にするフレーズです。

みなさん、初対面にもかかわらず、他の方の変化やキレイなところを見つけるのはすごく上手です。けれども、いざ「ご自分のいいところは？」と尋ねると、「いや……」と口ごもってしまいます。みんな、自分には厳しすぎるのです。

せっかく「キレイになりたい！」と一歩を踏み出したのであれば、自分で自分の好きなところをどんどん見つけていきましょう。それが難しければ、**過去に褒められたこと**を思い出してください。

もしくは鏡を見て、「鏡の中のこの人は……」と、自分を客観的に見てみましょう。「意外と肌がキレイじゃない？」「まつ毛が長くて魅力的かも⁉」「唇がふっくらしていて女性らしいな」なんて、ひとつ、ふたつといいところが見つかるはずです。そしていいところが見つかったら、そこをより魅力的にすることにエネルギーをそそいでいけばいいのです。

大人に必要なのは、「盛る」のではなく、**「素敵なところを伸ばす」メイク**です。気になる部分は最低限のカバーにとどめ、チャームポイントの潜在能力を高めることに時間と手間をかけてあげましょう。**そのためには、鏡の中の自分と向き合い、まず自分の素敵な部分を知ることが欠かせません。**

日本では、謙遜することが美徳と言われますが、謙遜は一歩間違えると卑下することにもつながります。ぜひ自分のよさを認めてあげてください。

「私なんか……」という言葉は、今すぐ捨ててしまいましょう！

Reina's Method

「やってみようかな」という気持ちが老けを止める

好奇心とチャレンジ精神を持ち続けていれば、女性はいくつになっても美しくチャーミングでいられると、よく感じます。

私が、初めて瀬戸内寂聴さんのメイクをさせていただいたときのことです。大病をされたあと、久しぶりの撮影という機会でした。ご病気明けということもあり、少しでもお元気に見えるように、「つけまつ毛をしてみませんか？」とご提案したところ、とてもうれしそうに「つけてみたい」とおっしゃってくださったのです。そして実際に、羽根のように軽い、自然なつけまつ毛をおつけしてみると、ご病気のあととは思えないくらいに表情も一層キラキラしてきたのです。

そんな寂聴さんとのご縁からも、やはり**女性はいくつになってもキレイでいる**

ことが力になること、興味のあることはまずやってみる！という好奇心こそが、元気の源、いつまでも若々しくある秘訣なのだと教えていただきました。

メイクレッスンを受けにいらしてくださる方は、多くが30～50代ですが、つい先日70代の方が来てくださいました。「こんな歳になってキレイになりたいなんて恥ずかしいのだけれど……」とはじめはおっしゃっていたのですが、時間がたつにつれ鏡の中のご自分の姿が変わっていくと、「私、キレイかも」と瞳や表情がイキイキと輝きはじめ、最後は自信に満ちて背すじもピン！と伸ばしてお帰りになりました。

年齢は数字にすぎません。けれども「アラフォーだから」「おばさんだから」と、数字や社会からの役割にとらわれている方がほとんどではないでしょうか。

私自身、40代に入りましたが、アラフォーと言われてもピンとこないし、どこか他人事のように思ってしまいます。他の方が決める枠や、他の方がイメージするあなたでいる必要なんて全くありません。キレイへの階段は、「やってみようかな」と行動を起こしたとき、突然目の前に現れるから不思議です。

Reina's Method

ハッピーなメイクは素敵な出会いを引き寄せる

元気に見えるメイクは、自分だけでなくまわりの方も安心させる効果があります。血色感がなかったり、肌がカサカサしていたりすると、それだけで一緒にいる方に「具合が悪いのかな？」と気を遣わせてしまうものです。

そんなときこそ、ぜひメイクの力を借りて、まず見た目から、そして気持ちまでも引き上げてほしいのです。

美容の仕事に携わっていて日々実感するのが、心と体は密接に結びついている、ということです。気持ちが沈んでいるときに、無理に元気に振る舞おうと思ってもしんどいもの。けれどもちょっとクマを隠して、ほんのりチークを入れて、鏡の中の自分が元気そうに見えてくると、どんよりしていた気持ちもいつのまにか

忘れてしまったりするものです。

調子があまりよくないときは、もちろんフルメイクをする必要なんてありません。チークひとつ、リップ１本でいいので、できそうなことを取り入れてみてください。ただし大切なのは、楽しみながらやってみること！

ひとつだけでもいつもと何かをチェンジしてみると、「痩せた？」「なんか今日、いつもと違うね」なんて声が聞こえてくるはずです。

自分ではよくわからない変化も、実はまわりの方のほうが敏感にキャッチしてくれます。「キレイになって何か言われないかな？」なんて不安に思う必要はありません！

褒め言葉は自信になりますし、次はコンシーラー、アイラインとひとつずつ増やしていくと、気づかないうちに以前の自分とは違う自分になっているはずです。

楽しみながらキレイになっていく方には、自然と素敵な方たちが集まってきます。明るく幸せそうに見えるメイクは、きっとポジティブな出会いや出来事を引き寄せるはずです。

Part 2

スキンケア

何歳からでも
「美肌」はつくれる！

Reina's Method

夜のスキンケアで、肌の修復力を引き出す

大人のメイクは、素材を活かすためのメイクです。肌の状態が悪いと、せっかくのメイクも隠すことしかできずに、魅力を引き出すところまではたどり着けません。ですから、大人にとって夜のスキンケアは、次の日を一日豊かに過ごすための下ごしらえの時間だと思っていただきたいのです。

肌は夜、眠っている間に細胞を修復しています。だからこそ、夜のスキンケアを効果的なものにすれば、朝からコンディションのよい肌でいられます。大切なのは、**いらないものを排出して、必要なものはきちんと肌に与える**ことです。

一日過ごした肌は、肩や腰と同じようにコリ固まっているので、スキンケアしながら顔の奥のコリをほぐしてあげましょう。眉間にシワが寄りやすい方は、眉

頭の付け根を親指の腹で押して外に開くようにしてあげましょう。また食いしばりやエラ張りが気になる方は、テーブルにひじをつき、頬骨の下を手のひらの付け根で押し上げるようにしてほぐしてあげます。

最初は痛いと思いますが、無理せず、痛気持ちいいくらいの力加減で毎日続けていると、同じ力加減でも、痛みが徐々になくなってくるはずです。

このとき大切なのが、**鏡と向き合うこと**、そして**呼吸に合わせて行うこと**です。作業のようにせずに、肌のコンディションを手で感じながら、丁寧にお手入れしましょう。必ずしも、高級なクリームや美容液を使う必要はありません。ご自身が好きなものを使って、**しっかり鏡の中の自分を「意識」して**お手入れするだけで、**肌が持つ自然治癒力は発揮されていきます**。毎日少しずつ続けることで、化粧品に頼りすぎなくても、肌本来の力が引き出せるようになるはずです。

夜のスキンケアは頑張らなくていいのです。

自分をいたわるように鏡と向き合いながら、一日の疲れを癒す気持ちでマッサージすれば、肌に溜まった老廃物は勝手に排出されていきます。

Reina's Method

クレンジングは「眉間↓鼻↓あご」の順で

夜のスキンケアで大切なのが、一日の肌の汚れをしっかり落とすことです。クレンジングはそのために欠かせないステップですが、洗いすぎはかえって肌の潤いを奪いかねません。

特に年齢を重ねた大人の肌は、皮脂を出す力が弱っているので、クレンジングをしすぎると、トラブルなどにつながります。

そこでいちばん大切なのは、洗うときの順番と使用量です。レッスンに来てくださる方にお話を伺うと、洗顔料のCMのイメージからか、多くの方が頬から洗っています。しかし、頬は顔の中でも皮脂が少ないパーツです。

さらに最近は、マスクかぶれで肌がデリケートな状態になっています。そんな部分から洗いはじめてしまうと、**肌の弱い部分に洗浄剤が長く留まっている状態になり、余計に肌の乾燥や頬の赤みを引き起こしてしまいます。**また、クレンジングの量が少ないと、肌をゴシゴシこすってしまうことになり、炎症を起こすことも。

肌に負担をかけないのは、「眉間→鼻まわり→あご→目元→頬→額」の順番。使用量はパッケージにある既定の量よりも多め、５００円玉大を目安にしてください。クレンジングの膜で肌をなでるイメージで、やさしくメイクとクレンジングをなじませます。まつ毛は指で軽く挟み、やさしくもむようにすれば専用リムーバーを使わずとも、キレイにメイクオフできるはずです。

大人の肌でオススメなのは、かための**バームクレンジング**です。

バームクレンジングは、オイルのような洗浄力がありつつ、ミルクのような保湿力を備えているので、この本でご紹介する日常的なメイクなら十分にオフできます。クレンジングを丁寧に行えば、１カ月ほどで、肌の赤みも気にならなくなってくるはずですよ。

Reina's Method

洗顔はあっさり、保湿はしっかりがマスト

レッスンでみなさんの普段のスキンケアについて伺うと、洗いすぎているにもかかわらず、潤いはしっかり与えきれていない方が多いようです。

適度な皮脂は天然の保湿成分です。10代20代のころの習慣のまま、朝晩洗顔フォームを使ってしっかりと洗顔している方がほとんどですが、年齢とともに皮脂の分泌は減っています。朝などベタつきが気にならないときは、ぬるま湯洗顔で十分なことも。すると、肌に備わっている潤いをとりすぎず、保湿不足で乾燥を感じることも減っていきます。

そのうえで、洗顔後の化粧水は、何度かに分けて重ねづけしてあげましょう。

一度化粧水を塗ってみて、肌がサラサラしていたら、まだ潤いが足りていない

証拠です。手で触れて吸いつくようなしっとり感を感じられるくらいまで重ねてくださいね。塗るときはリフトアップするように、必ず**顔の内から外、下から上へ向かって**両手で包み込みながらなじませましょう。

保湿が正しくできればメイクののりがアップします。

さらに、自然なツヤが肌に宿り、メイク自体も薄づきですみます。また、薄づきのメイクは崩れにくいので、朝から夕方までキレイな肌でいられます。――と、正しい保湿はキレイにとっていいことずくめ！　もちろん、目尻や口元など、顔の印象を左右しやすいシワも肌の乾燥により引き起こされるので、きちんと保湿することはアンチエイジング効果もあります。それくらい、肌にとって潤いは大切な存在です。

また、保湿剤を顔全体になじませたら、必ず首やデコルテまで広げてください。首は年齢が出やすいパーツですし、首やデコルテが潤ってツヤツヤしていると、反射板効果で顔がキレイに見えるのです。

大人はデコルテまでが顔だと思ってお手入れしてみてくださいね。

Reina's Method

化粧水後の乳液が、肌の潤いに「フタ」をする

「ベタつくから」と、化粧水でお手入れを完了している方がいらっしゃいますが、肌には水分だけでなく、適度な油分も必要です。油分が足りていないと、肌は自ら油分を補おうと皮脂を過剰に分泌します。実はそれがテカリの原因になるのです。「テカるから」と感じている方も、実は**肌の中はカラカラに乾いてしまっている場合がほとんど**です。せっかく入れた水分を逃さないためにも、化粧水のあとは、乳液やクリームジェルなどで潤いに「フタ」をしましょう。

朝はメイク崩れを防ぐためにも、肌にうっすらのせれば十分です。かわりに夜のお手入れは、多少ペタペタするくらいでも大丈夫。寝ている間に肌が自ら修復するのを促すケアになります。

Reina's Method

赤ちゃん肌へと巻き戻す「お風呂クレンジング」

毎日クレンジングや洗顔で汚れを落としていても、不要な角質や汚れが毛穴の奥に溜まってしまうもの。お風呂クレンジングは、そんな肌をリセットできる簡単なディープクレンジング方法です。乾いた肌に、いつも通りクレンジングをたっぷりとなじませたら、**蒸しタオルを顔にのせて10〜20秒ほど顔をスチームして拭きとるだけ**です。お風呂でなら、浴槽でタオルを濡らして絞れば、簡易蒸しタオルがつくれます。湯船につかることで血流もよくなるので、代謝もアップしますし、蒸気で毛穴が開き汚れをしっかりオフできるので、ダブル洗顔の必要もありません。肌のガサガサが気になる方は、ぜひ「お風呂クレンジング」を続けてみてください。赤ちゃんのかかとみたいなふわふわの肌に整ってきますよ。

Reina's Method

表情が明るくなる！　立体感が出る！
朝晩の「30秒マッサージ」

メイクは、自分もまわりの方も元気でハッピーにするための潤滑油のようなもの。メイクをすることで自信を持てるのはもちろん、相手の方からも「この人と話してみたいな」「一緒にいてなんだか楽しいな」と思われ、コミュニケーションが円滑に進んでいくのだと思います。

そのためには、笑ったらしっかり笑顔に見え、楽しそうな気持ちがそのまま顔に表れることが大切です。けれども、長期間マスクで顔が覆われ表情筋が使われなかったことで、多くの方の顔は想像以上にコリ固まっています。

そのうえ、日本語は口を大きく開けて話す必要がないため、放っておくと重力に負け、頬骨や口角がどうしても下がりやすくなりがちです。すると、自分では笑っているつもりなのに人には無表情に見えたり、笑顔が不自然になったりと、自分の魅力を最大限に発揮できなくなってしまいます。

そんなマスク生活で固まった表情をほぐすのが、この**「30秒マッサージ」**です。マッサージで本来の位置に筋肉が戻ると、顔が立体的になり明るい印象に見えてきます。また、血行も促されるので、くすみがなくなり顔色も明るく冴えたりといいことずくめ！　特別なマッサージクリームがなくても、いつもの乳液やクリームを塗るタイミングでOK。必ず肌のすべりのいい状態で行ってください。

大切なのは、肌表面をこするのではなく、**呼吸に合わせて、奥に圧をかけることです。**

押すときには必ず息を吐くようにしてください。そうすると筋肉が緩み、無理に力を入れなくてもほぐれやすくなります。実際、このマッサージを毎日実践した方が、1カ月後には見間違えるくらいにフェイスラインが締まりました。

心を込めて自分で行うマッサージは、エステ以上の効果を実感させてくれます。

さあ、今日からさっそく試してみてください！

押すときは必ず
「フーッ」と息を
吐きながら！

1

まずは手のひらの付け根を口の横に当て、口を横に広げるように下から上に引き上げます。

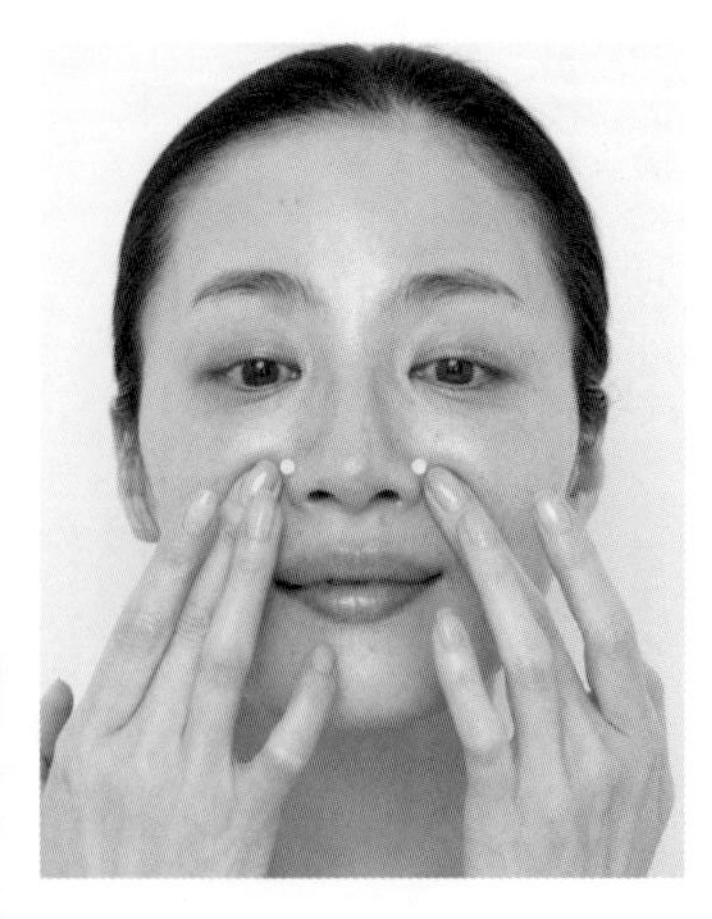

2

次に小鼻の脇のへこみを、指の腹でグッと押し、3秒プッシュ。

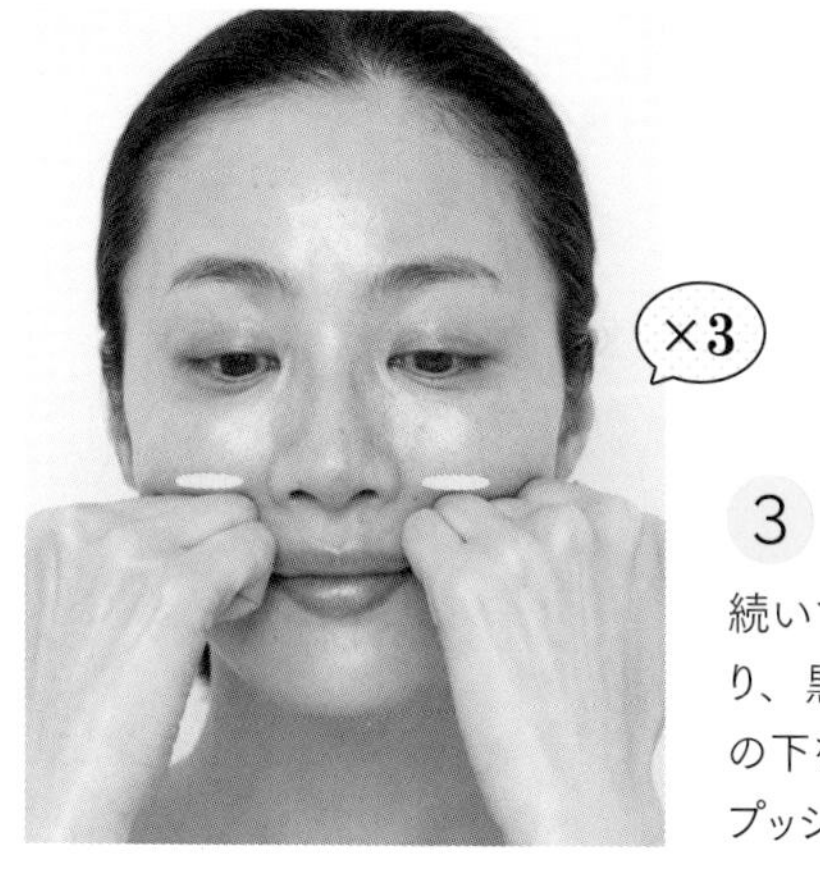

3

続いて握りこぶしをつくり、黒目の真下で頬骨の下を第二関節全体でプッシュ。

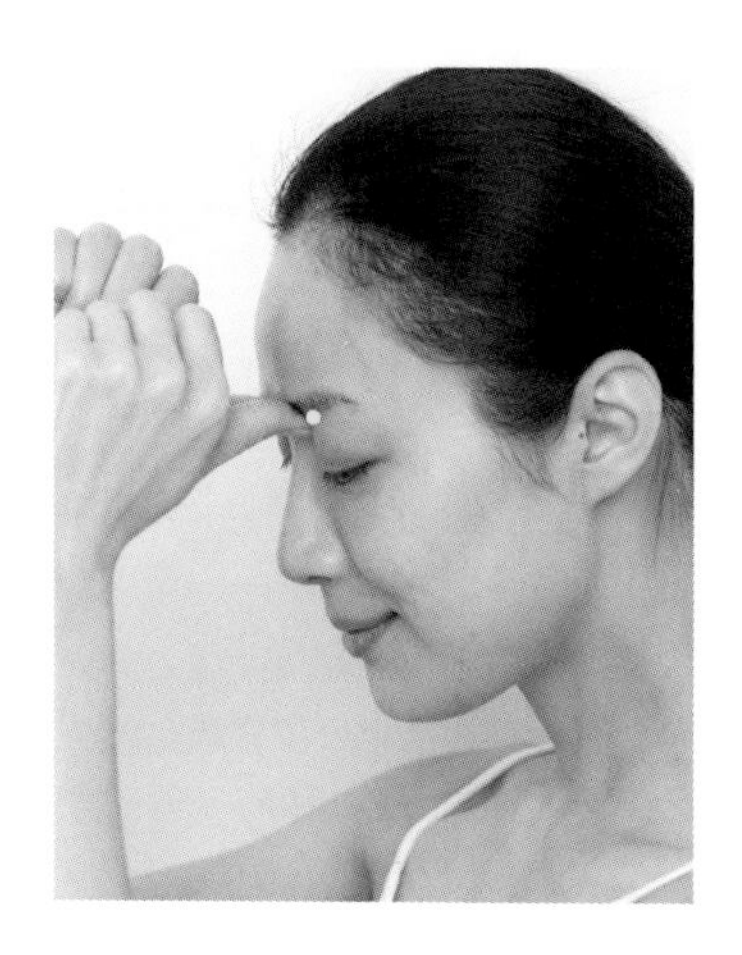

4

今度は親指で眉頭のくぼみを3秒押す。

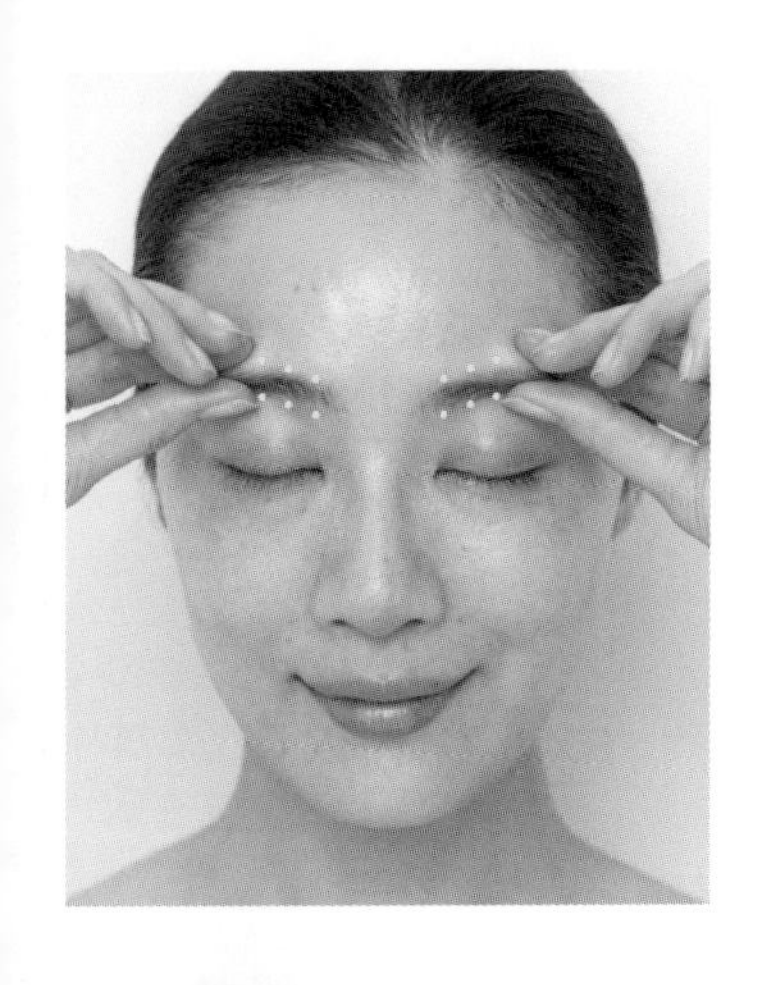

5

そのまま親指と人さし指で眉をつまみ、内から外へ小刻みに移動させていきます。

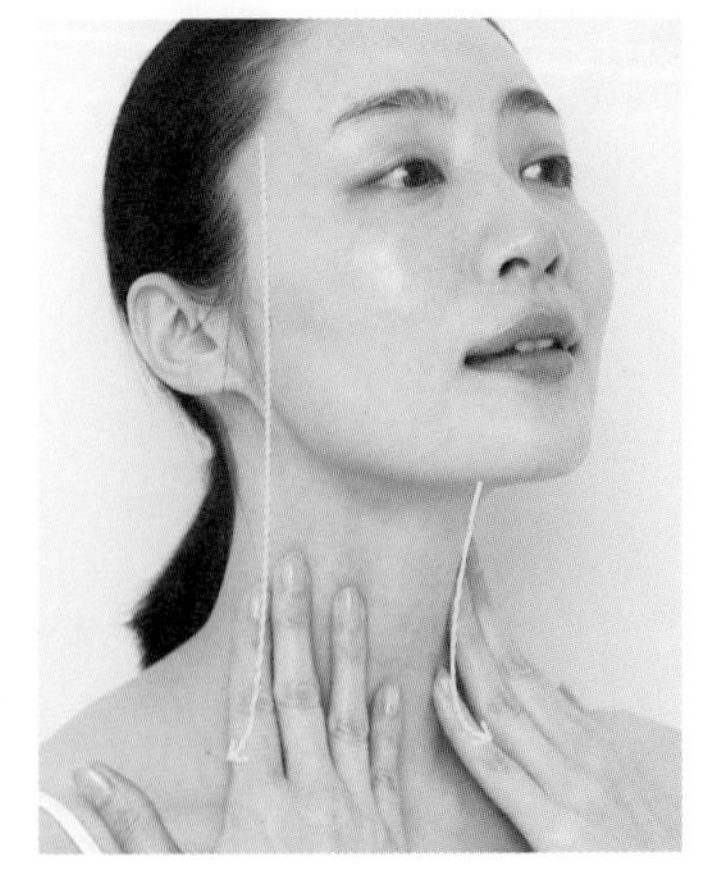

6

最後に眉尻からこめかみを指の腹で軽くさすり、そのまま耳前→首→鎖骨へと流します。

Reina's Method

リンパの門を開いて老廃物をしっかり流す！

むくみなどがすっきりとし、明るく冴えたメイクのりのいい肌に整えるマッサージですが、効果を最大限に発揮するためには準備が必要です。

それが、老廃物を流すための出口を開くこと。余分な水分や老廃物は、血液と並行するように流れているリンパ液にのって排出されていきます。

マッサージ前には必ずこのリンパ液の出口を開き、老廃物がしっかりと流れるようにしてください。ポイントは、**脇、鎖骨、首、耳と下から上へリンパの門を開くこと**です。

実際に触ってみると、思っている以上に体がコリ固まっているかもしれません。ぜひ気がついたときに、自分の手で触って流すことを習慣にしてみてくださいね。

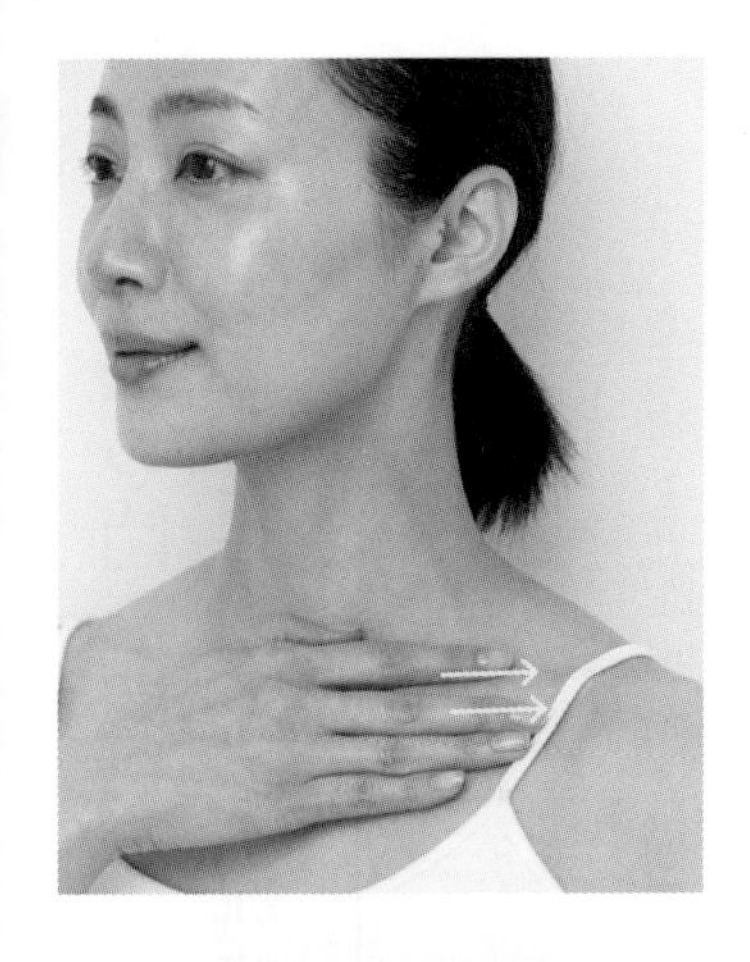

1

まずは、脇の下を手でつかんでもんだ後、手のひらで鎖骨を内から外へさすり鎖骨のくぼみをプッシュします。

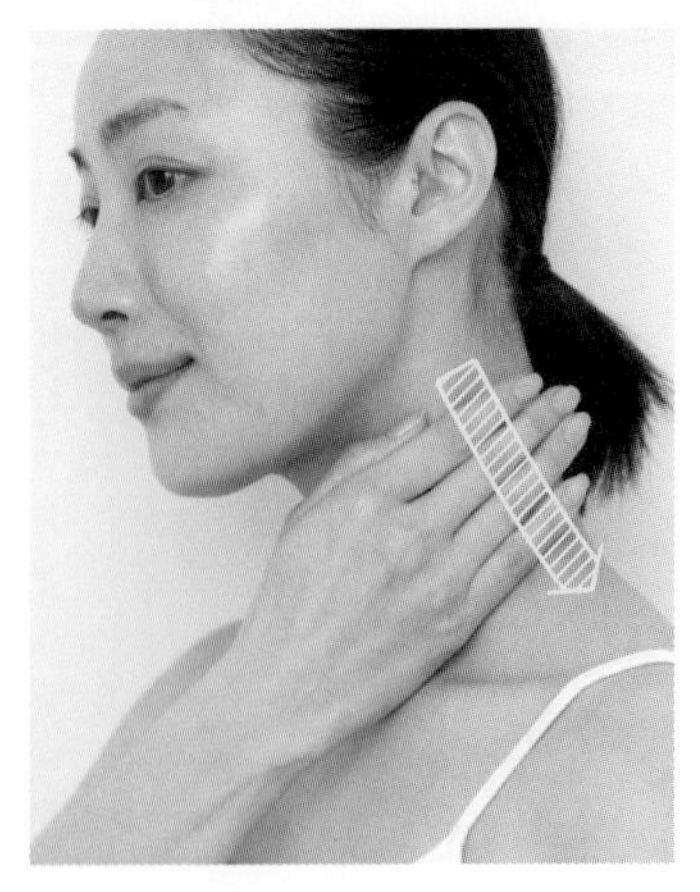

2

首の後ろを上から下へさするようにし、首のスジをつかむようにしてほぐします。

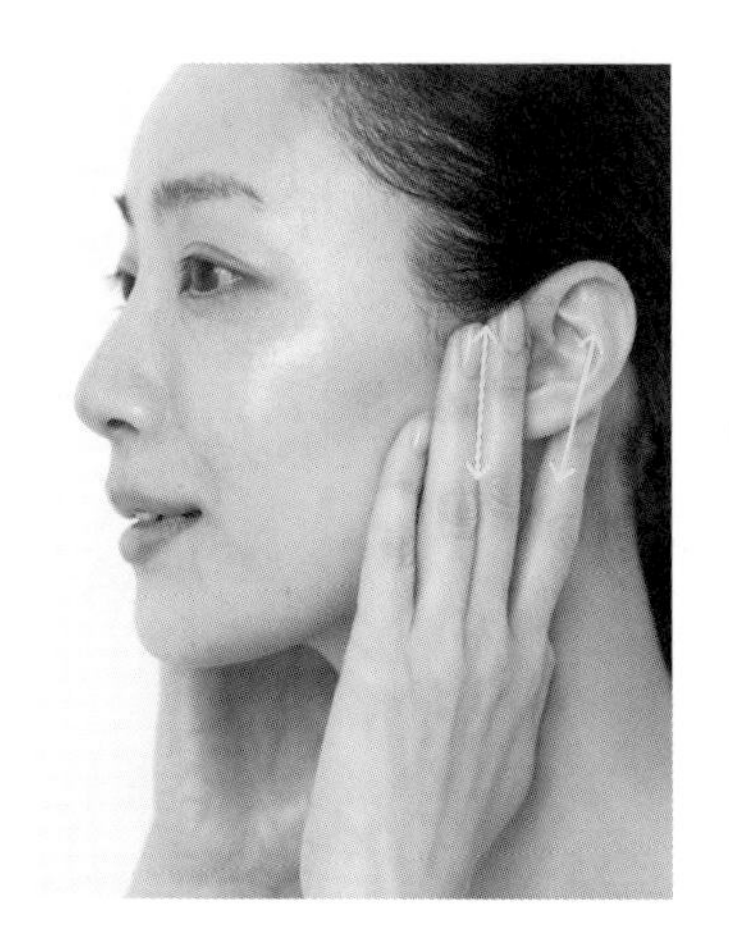

3

最後に耳を挟むようにして、両手を10回ほど上下にこすります。
これを行うとマッサージの効果がより一層引き出されます。

Reina's Method

やわらかい表情をつくる「朝の蝶つがいマッサージ」

プロのメイクと、みなさんがご自身で行うメイクとの決定的な違いのひとつは、メイク前に必ずマッサージをするということです。

そうして巡りをよくすることで、**くすみが抜けて顔色がワントーン明るくなり、下地やファンデーションで肌色を隠す必要がなくなります。**自然と薄づきメイクですむので、メイク崩れも防げますし、若々しい印象に仕上がります。

ちょっと面倒に感じるかもしれませんが、**メイク前にマッサージをするだけで、逆にメイクの時間も手間も最小限にすることができるのです！**

特に重視したいのが、顔の下半分のマッサージです。マスク生活の影響もあり、顔が動きにくく無表情に見えてしまう方が増えています。幸せ顔に欠かせないの

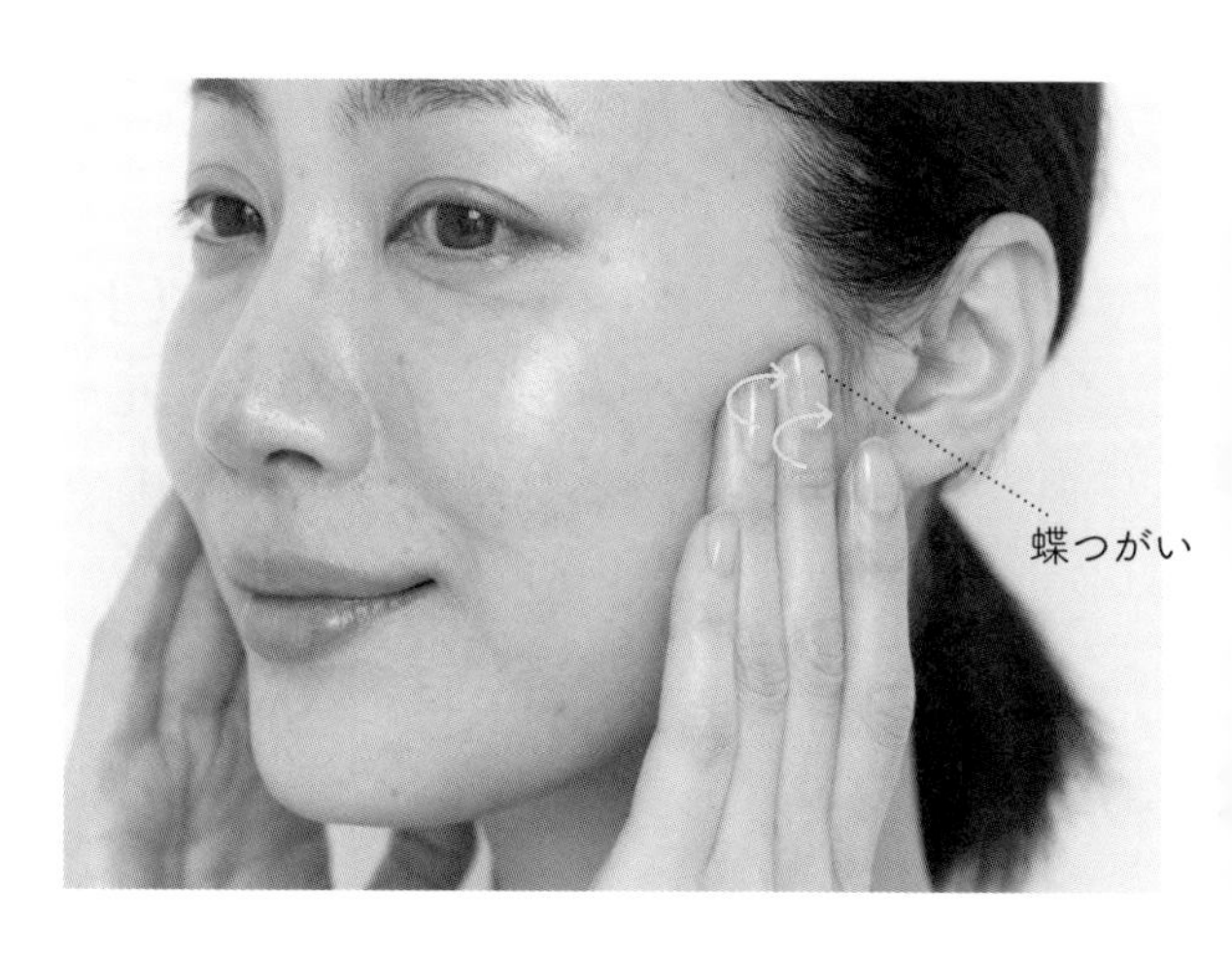

は、やはり上がった口角。ハツラツとした印象に見せるポイントは、上あごと下あごの境目の蝶つがい部分を指の腹で**内から外に半円を描くように押すだけ**です。指の腹で行ってもいいですが、テーブルにひじをつき、グーをつくって、蝶つがいをギューッと押してもＯＫ。息を吐きながら痛気持ちいいくらいの力加減で行ってください。

寝ている間の食いしばりをほぐす効果もありますし、口が開けやすくなるので自然な笑顔が身につきます。

リフトアップして、ほうれい線も薄くなりますよ！

Reina's Method

「口元トレーニング」でほうれい線を防ぐ！

シワのなかでも最も老けた印象を与えるのがほうれい線です。

たとえば絵を描くとき、目元に横線を引いてシワを描くよりも、口元にハの字でほうれい線を描いたほうが、ずっと年齢が上に見えるものです。

ほうれい線は、主に口元の筋力低下により、皮膚が下に引っぱられることと、頬のたるみによって刻まれます。ですから、口元のトレーニングで刻まれるシワを浅くしていけば防ぐことができるのです。左ページの写真のように、舌を歯茎に沿わせてグルグルと回転させるだけ。**右回りに10回、左回りに10回グルグル**してみてください。気がついたときにどこでもできますし、実際にやってみると舌と頬の内側がかなり疲れますが、効果はバツグンです。62～63ページの1～3と

口元トレーニング

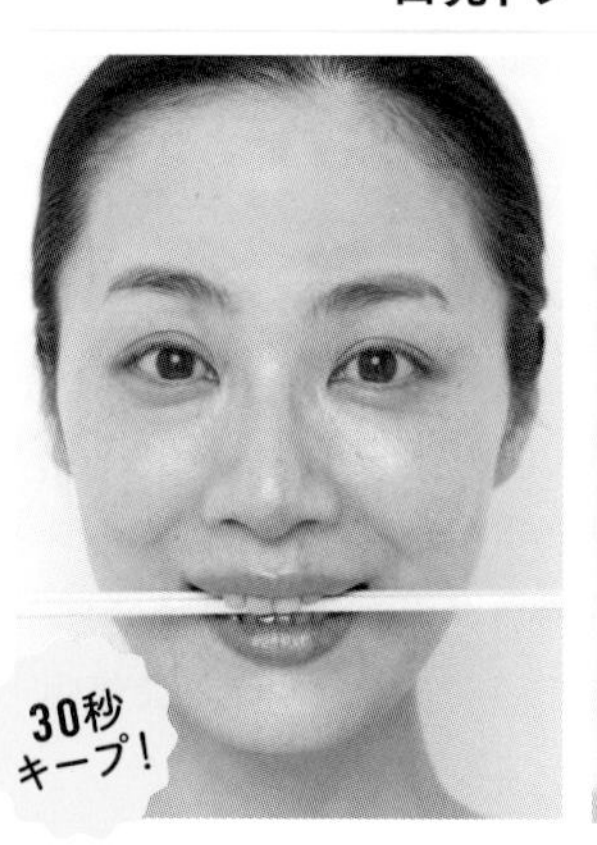

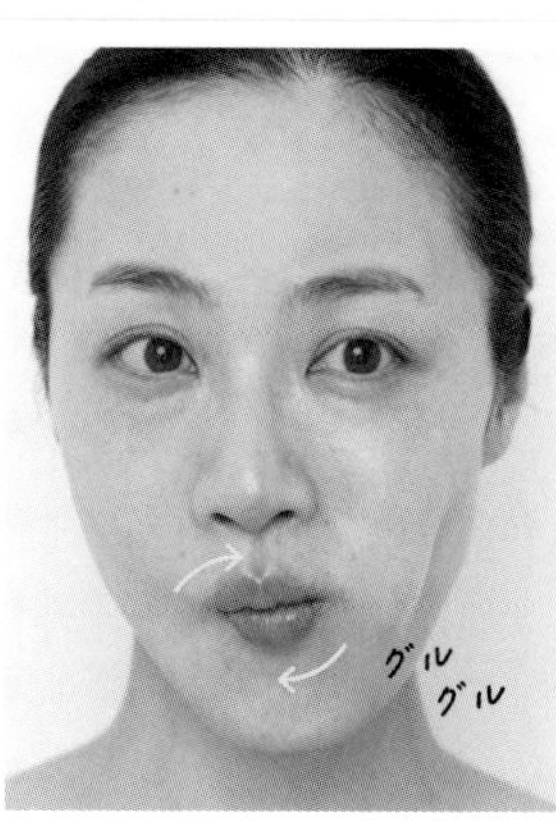

一緒に行うとより効果的です。

また、フレッシュな印象づくりに欠かせないキュッと上がった口角は、68ページの「蝶つがいマッサージ」とこの「割り箸トレーニング」で手に入ります。

歯が10本見えるくらいに口角を引き上げ、ニコッと笑った状態で割り箸を奥歯で挟み、ゆっくり鼻で呼吸をしながらその状態を30秒キープします。

固まっていた頬の筋肉が引き上げられ、自然と口角が引き上がります。

日常的に行うことで、フェイスラインのリフトアップにも効果的ですよ。

REINA'S TIPS 1

道具は使い方次第！
お金をかけずにキレイになれる方法

ひとつのアイテムでも使い方次第で仕上がりがまったく変わるものです。

どんなアイテムでもすべらせるように塗ると薄くついてツヤが出て、トントンと指の腹で軽くたたくようにすると、カバー力が出て発色がよくなります。同じアイシャドウでも、塗り方を変えるだけで違った表情を楽しめますし、グラデーションを楽しむことだってできるのです。

もちろんこれは、アイシャドウに限らず、ベースメイクもチークもリップにも共通の方法です。

ですから、この本でご紹介したアイテムを全部買う必要はありません。コンシーラーがなくても、カバーしたい部分にファンデーションをトントンすれば、ちょっとのシミはカバーできます。

自然なのにメリハリのある仕上がりには、全体はすべらせて塗り、色をのせたいところ、カバーしたいところだけトントン塗りをしてみてください。大切なのは何を使うかよりも、どう使うか。たくさんのアイテムがなくても、キレイはかないますよ。

REINA'S TIPS 2

すべての基本は「呼吸」。
吐いて気持ちを落ち着かせよう

現代人はストレスのため、知らず知らずに呼吸が浅くなりがちといわれています。メイクレッスン中も、細かい作業の際に、集中するあまり、息を止めてしまう方が多くいます。すると筋肉が硬直し、メイクする手つきもぎこちなく、ラインがぶれたり、色がつきすぎてしまうことに。そこで呼吸を意識しようとすると、つい吸うことに目が向きがちなのですが、実は大切なのは「吐くこと」です。

ふう〜〜〜、とおなかの中からしっかり吐くことを意識してみてください。すると、自律神経が整うので不思議と気持ちが落ち着いてくるものです。特にあわてていたり、心に余裕のないときほど無意識に息を止めてしまいがちです。私もバタバタしているなと思ったときには、椅子に座って呼吸に意識を向ける時間をとるようにしています。たった5分でも十分です。

特にメイクは、リラックスした状態で、きちんと呼吸ができていれば、酸素と血液が全身に行き渡り、肌ツヤも出てキレイになりますよ。

Part 3

ベースメイク

「塗りすぎない」のが
若々しさの決め手

Reina's Method

目元がパッと明るいだけで「肌がキレイな人」に見える

「肌がキレイ」に見せるには、下地やファンデーションを顔全体に均一の量で塗**ろうとしない**ことです。

こう聞くと、「え？」と思う方もいらっしゃると思いますが、自分自身が気になっているシミやシワ、肌の色ムラは、人はそれほど気にしていないものです。

それよりも、他人が見て気になるのは**「全体の印象」**。

私たちは、会話をするときに相手の目を見て話します。ですから、人の視線のほとんどは、顔の中心に集中します。そのため**目のまわりが明るく整っていれば、自然とその方の印象は、明るく映るのです**。逆に、どんなに顔全体にファンデーションを塗っていても、目のまわりが暗いままではキレイに見えません。

また、気になる部分を100％カバーすると、隠すことはできても、「そこを隠したのね」、とかえって目立ってしまうのです。

そこでオススメするのが、**「7割カバー」の方法**です。

もともと顔は立体ですが、顔全体にファンデーションを均一に塗ると、素顔よりものっぺり平面的な印象になってしまうため、7割程度のベースメイクで十分なのです。

メイクの基本は、絵を描くのと同じです。明るい色は飛び出して見え、暗い色は影になるので引っ込んで見えます。また、量を多く塗った部分も飛び出して見え、量を少なく塗った部分は引っ込んで見えます。——この法則を使えば、人の視線が集中し、高いほうがキレイに見える頬まわりは明るく多く塗ることで、高さを強調できますし、逆に頬骨より外の横顔部分は、暗い色を少なく塗ることで引っ込んで見せることができます。

高く見せたい部分、視線が集中する目まわりさえ明るくキレイなら、「肌がキレイな人」を簡単に演出できるのです。

Reina's Method

顔のくすみを一瞬で消す魔法の色「オレンジ下地」

スキンケア後に日焼け止めを塗ったら、次はベースメイクのファーストステップ、「下地」です。「メイクアップベース」「化粧下地」「コントロールカラー」など書いてあるものを選んでください。「日焼け止めだけではダメ？」という方もいらっしゃいますが、下地は肌の色ムラや凹凸を整えたり、メイク持ちをよくするよう処方されています。とくに最近の下地の進化はめざましく、上手に使えばファンデーションなしでも自然でキレイな肌がかないます。

大人の肌のキーカラーとなるのは「オレンジ色」。**肌のくすみを自然に明るくする魔法の色です。**このオレンジ下地を、顔の中心になじませます。

下地を手のひらに出し、指の腹にとったら目の下から外側に向かってスキンケ

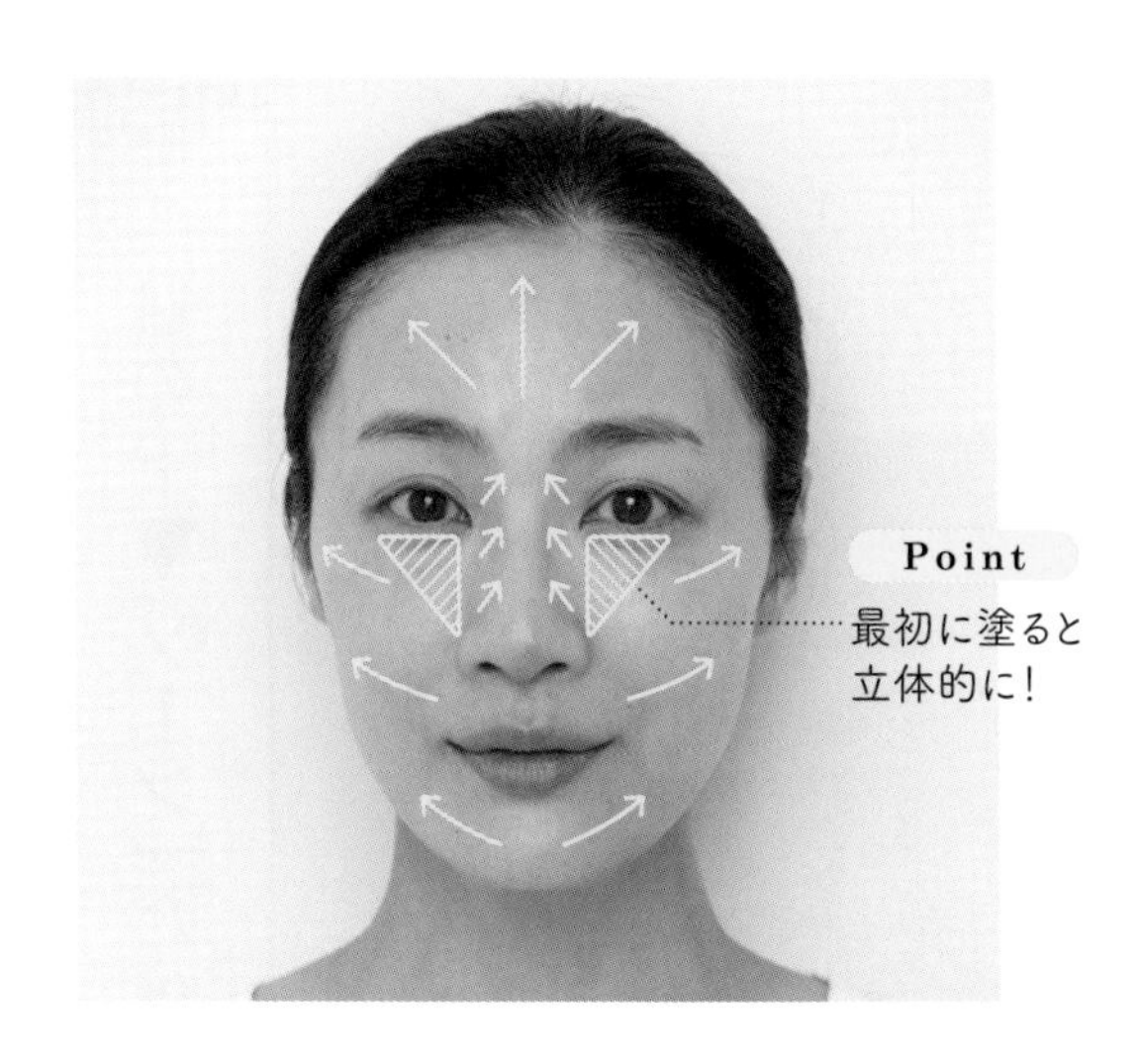

アをする感覚で両手でやさしく塗り広げます。最初に塗った部分は、自然とたくさんの量がつくので、高く見せたい黒目の下あたりから塗りはじめ、フェイスラインには薄くつく程度に。

この方法で、下地だけでも立体感のある仕上がりになるのです。

同じようにあご、額となじませます。額は眉間から広げ、鼻は「高くなれ」と念じながら鼻すじに向かって。毛穴の目立ちやすい小鼻はクルクルと指の腹で円を描くようになじませます。

Reina's Method

ファンデーションは「目の下▼ゾーン」だけでいい

ファンデーションは顔全体に塗るもの——この際、その思い込みは捨ててしまいましょう！　ファンデーションの役割は、肌のトーンを整えること。つまり、気になるシミやクマを隠そうとするのではなく、**肌の色を整えたい場所だけに塗ればいいのです。**

ファンデーションにもさまざまなタイプがあります。ツヤ肌に仕上げたい方や、薄づきが好みの方には、リキッドやクッションタイプが向いています。ふんわりとやさしい雰囲気に見せたい方、手軽に仕上げたい方にはパウダータイプがぴったりです。特に乾燥が気になる方や、カバー力を求める場合はクリームタイプがオススメです。

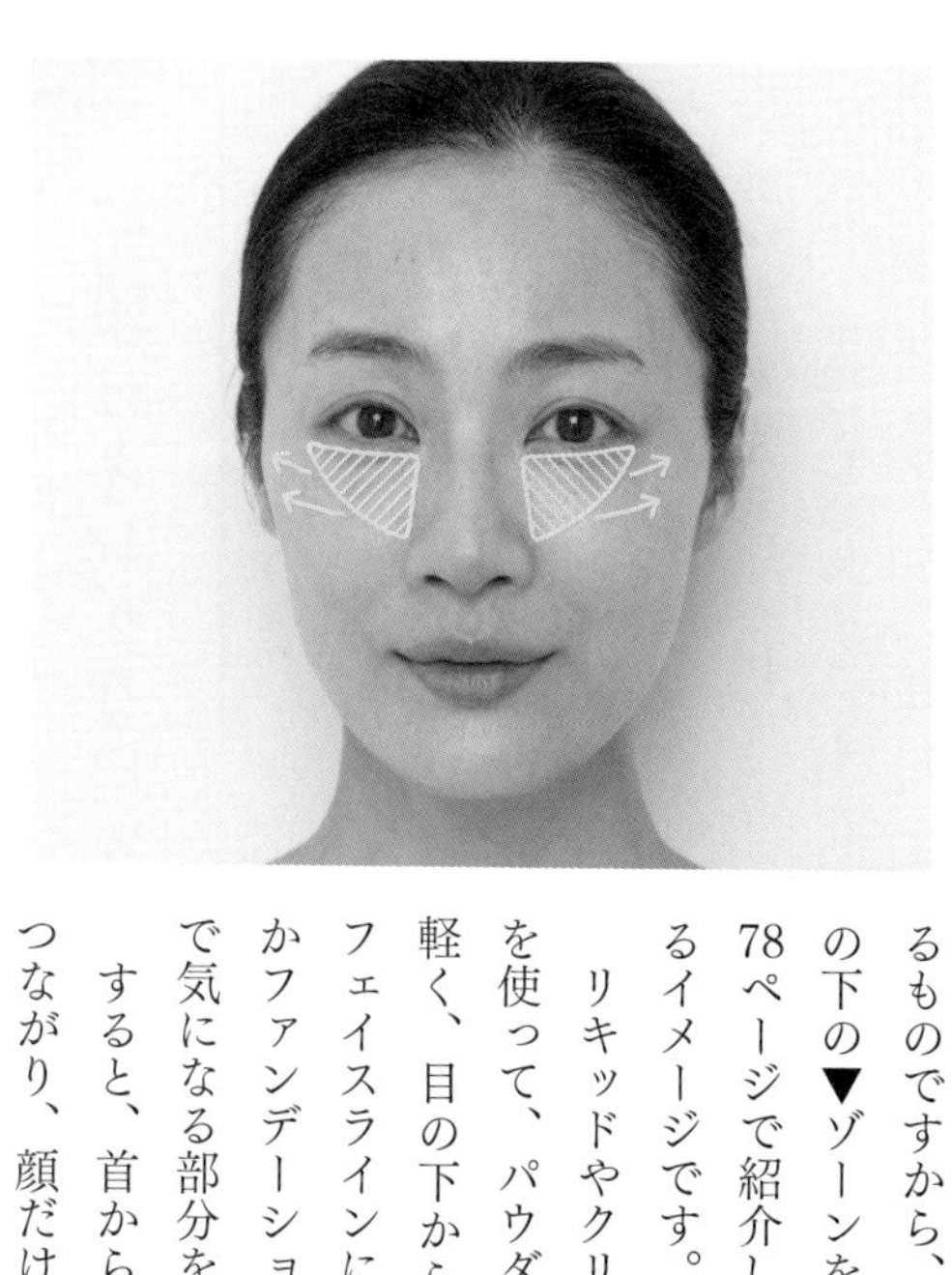

ファンデーションは肌の色ムラを整えるものですから、視線が集まりやすい目の下の▼ゾーンを中心に塗れば十分です。78ページで紹介した頬の下地部分に重ねるイメージです。

リキッドやクリームの場合は、指の腹を使って、パウダーの場合はスポンジで軽く、目の下から外へ向かって塗れば、フェイスラインには自然とうっすらとしかファンデーションはのりません。残りで気になる部分を軽くカバーしましょう。

すると、首からあごのラインが自然につながり、顔だけが白浮きすることなく、「素肌がキレイな人」が完成します。

Reina's Method

「2色のコンシーラー」で格段にキレイな目元をつくる

ファンデーションを薄く仕上げたかわりに、大人のメイクでぜひ取り入れてほしいのが、コンシーラーです。一見難しいものに感じますが、実はとっても簡単！　味方につければ、自然なのに格段にキレイな肌が手に入るのです。

選ぶときに大切なのが「色」と「かたさ」です。オススメは、**オレンジとイエローの2色、適度なやわらかさのパレットタイプ**です。オレンジ色は下地と同様に、肌に血色感を与えてくれ、一方イエローは、ハイライトのように光を集め、くすみなどを飛ばして見えなくする効果があります。

ファンデーションで整えたあと、目頭と目尻、小鼻を結んだ逆三角形のゾーンになじませましょう。まずはオレンジ色を目の下の影が目立つところに、指の腹

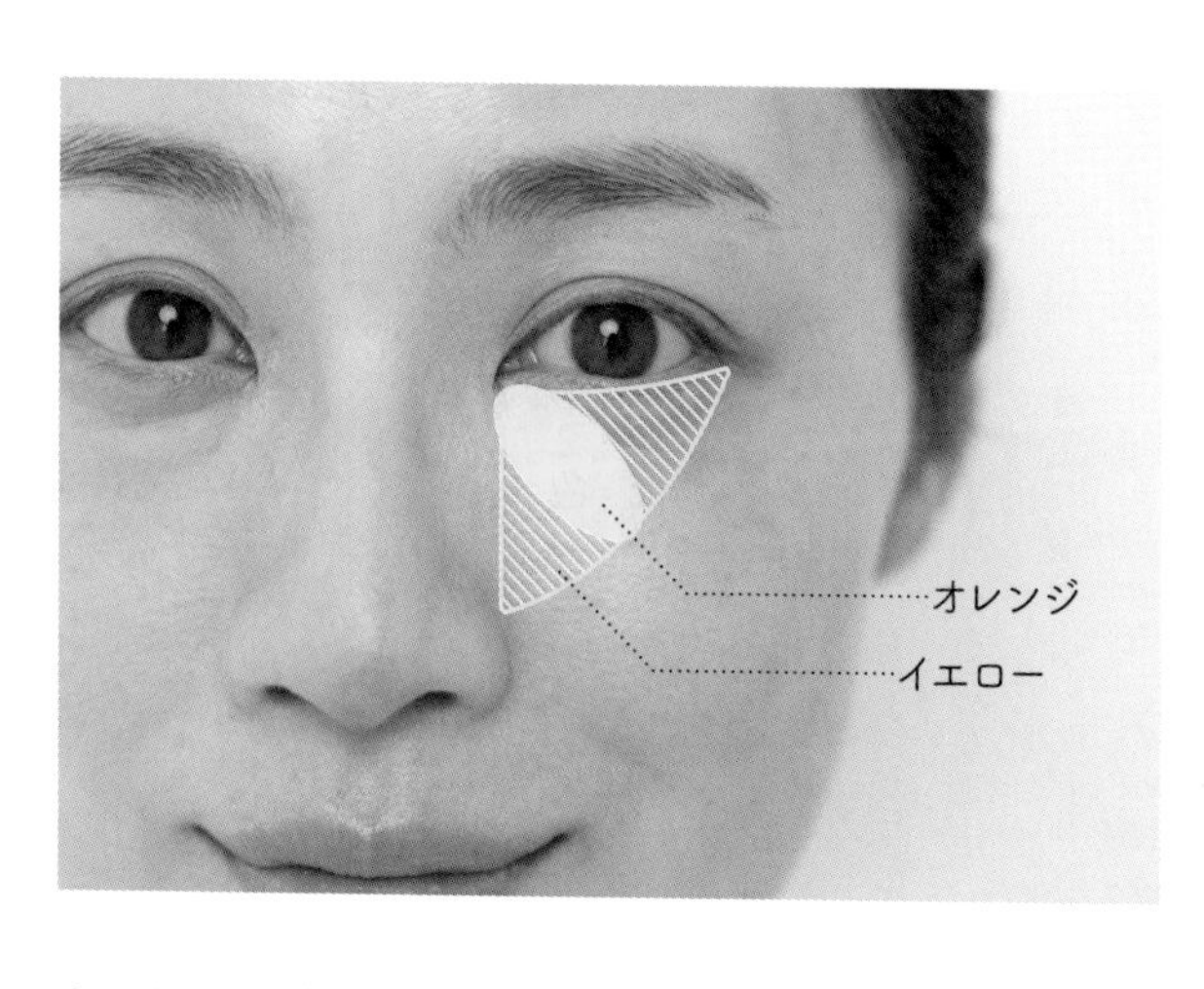

でスタンプを押すようにやさしく塗り、上からイエローを重ねます。
2色の層でクマや色ムラが自然にカバーでき、目元がワントーン明るくなります。
ここまで下地、ファンデーション、コンシーラーと目元に何層もベースメイクを重ねていますが、すべて「少量ずつ」「やさしく」薄い層をミルフィーユのように重ねていくことが大切です。
これが、会話したときの明るい印象と、遠くから見たときの自然な立体感あるメイクにつながっていくのです。

Reina's Method

たるみ目を色で解消するテクニック

目の下の皮膚がひだのようにたるみ、影になってしまっている場合も、オレンジとイエローの2色のコンシーラーがあれば、自然にカモフラージュできます。

まずは、**たるんだ皮膚の下のうっすらと影になっているところに、綿棒でオレンジ色のコンシーラーをのせます。**影をカバーするように線を引くようにのせてください。そのオレンジ色をぼかすように、指先か小さめのブラシを使い、イエローのコンシーラーをうっすらとなじませれば完了です。

たるんでぷっくりとしている部分にコンシーラーをのせてしまうと、「たくさん塗ると飛び出して見える」の法則で余計に目立って見えるため、ふくらんでしまった部分には何ものせないのがポイントです。

Reina's Method

濃いシミをなかったことにする「サンドイッチ塗り」

うっすらとしたシミならファンデーションをトントン重ねるだけでも十分ですが、**濃いシミがある方はスティック状の肌色のコンシーラーがあると便利です。**まず、肌色コンシーラーをスティックのまま直接、隠したいシミよりひと回り大きめに塗ってカバーします。

この後が大切です。中心部分は触らずに、カバーした箇所の輪郭だけをぼかすようにやさしく指でなじませましょう。その上から、パフにとったフェイスパウダーをすべらせずに、スタンプを押すようにポンッとのせてみてください。

これでコンシーラーがピタッと密着し、気にならない程度にカモフラージュできます。

Reina's Method

ほうれい線を消す「ネコひげ塗り」

コンシーラーはシミや色ムラをカバーするだけのものではありません。ほうれい線だって見えなくすることが可能です。

ほうれい線を自然に消すのは、イエローのコンシーラーの得意分野です。写真のように気になる縦ジワに対して直角に横切るように、ネコのひげのような線を2〜3本いれてください。そして、**中指の腹を使い、やさしくはじくように内から外へなじませるだけ**です。シワのカバーというと、ほうれい線を直接なぞって消すと思いがちですが、そうするとシワにコンシーラーが入り込んでしまい、余計目立つことになりかねません。なんとなく消えればOK！

「ネコひげ塗りで7割カバー」が、自然に見えるコツです。

＼ ほうれい線を解決！ ／

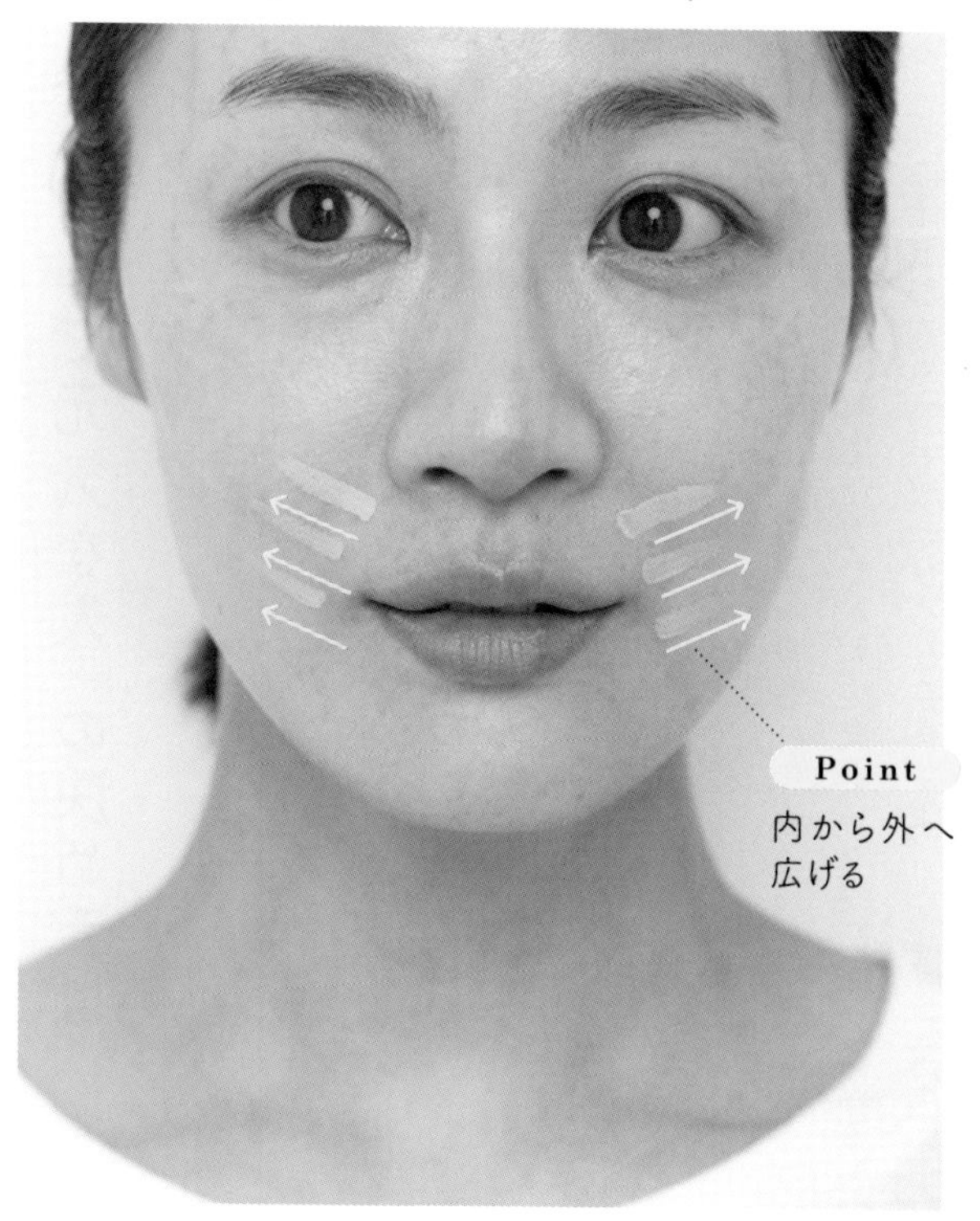

Reina's Method

「夕方まで元気な人」の決め手はクリームチーク

「朝、チークをつけたのに、気づいたら色がなくなっている」という方も多いのではないでしょうか。レッスンでもよくお伝えしているのが、**フェイスパウダーの前に、クリームチークを仕込む方法**です。

クリームチークはパウダータイプのチークよりも肌にじんわり溶け込み、自然な血色感がかなうのと、あとからパウダーチークを重ねることで発色がよくなり、内側からにじむようなバラ色の頬を夕方までキープできます。

オススメなのは、日本人の黄み肌を自然にキレイに見せてくれるコーラルピンクのクリームチーク。不器用な方でも大丈夫！　実際に使ってみると、とても簡単でキレイに仕上がるので手放せなくなりますよ。

REINA'S TIPS 3

考えるより感じてみる。
五感が豊かな美しさの源に

ついつい頭で考えることの多い毎日ですが、メイクの仕事を通じて思うのは、キレイになるということは、「五感と密接に結びついている」ということ。

特に美容は、自分を手当てすること、触覚を存分に使います。エステティシャンの手のように、心を込めて肌を毎日触ることでキレイが育まれます。視覚もそう、鏡できちんと自分の姿を見ることが大切です。

また、レッスンや撮影時のメイクルームでは、アロマを焚いて香りで気持ちを和らげることが欠かせませんし、自然の水や風の音、鳥の声は、頭の中をクリアにしてくれます。日々の食事もキレイの源になるので、なんとなく食べるのではなく、しっかりひと口ずつ味わっていただきましょう。私自身、忙しく日々を送っているとつい忘れてしまいがちなのですが、ふと立ち止まって自分を見つめ直す時間を持つと、気持ちも頭もスッキリ、リフレッシュできます。

どうか、少しずつ自分の五感を意識してみてください。その一見、なんでもない日常の一瞬一瞬の積み重ねが、豊かな美しさにつながるのだと思います。

Reina's Method

顔をキュッと上げる「小鼻より上」のチーク

下地、ファンデーション、コンシーラーの順番でベースメイクを整えたら、コーラルピンクのクリームチークで、内側からにじむ血色感を演出します。**チークは血色だけでなく、顔を立体的に見せるのに欠かせないパーツなのです！入れるのは、黒目の外側の縁と小鼻の上のふくらみが交差するところです。**

チークはニコッと笑って頬骨の高い位置に！　というのを聞いたことがある方も多いかもしれませんが、顔のコリなどで笑ったときの頬の位置が下がっていることもあるため、**「黒目の外縁と小鼻の上のふくらみの交差点」**を目安にしてください。

クリームチークを中指の腹にとり、その交差点に何度か指でポンポンと色をおきます。次に何もついていない薬指の腹でその輪郭を軽くおさえ、交差点にのせ

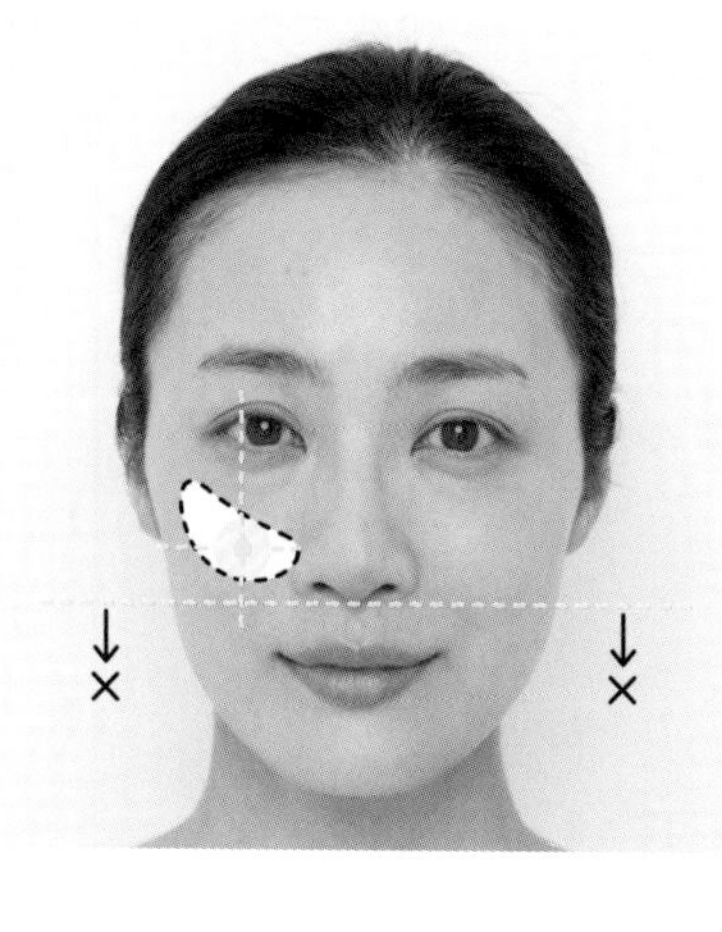

た色を勾玉形に広げます。これで、頬の中心が濃い自然なグラデーションチークが簡単に完成します。小鼻より下にぼかさないよう気をつけてくださいね。顔が下がって見えてしまいます。

基本の入れ方がわかったら、ぜひ自分の顔に合わせて少し形を変えてみてください。

チェックするのは、左右の目の距離。目と目の間が離れている方は、少し内側に広めの円を描いてぼかします。

反対に目と目の間が近い方は、内側は狭めに、外側に広い楕円になるようにぼかすとバランスよく見えますよ。

Reina's Method

「仕上げのフェイスパウダー」で自然なツヤ肌に！

ベースメイクのラストは、フェイスパウダーです。

フェイスパウダーは、料理の仕上げにかけるスパイスのような存在です。余分な油分を吸着してメイク持ちをよくしたり、肌をふんわり見せてくれたりします。とはいえ、色も質感も様々で、何を選べばよいのか迷いますよね。

大きく分けて、小麦粉のようなルースタイプと、コンパクトに入って固められたプレストタイプの2種類がありますが、私は**色がつかず、テカリだけを抑えてくれるもの**をオススメしています。

ポイントとなるのは、**「広い範囲は、ブラシで薄くのせること」**と**「細かい部分は、スポンジでつけること」**の2点。ここまで薄づきのメイクができているの

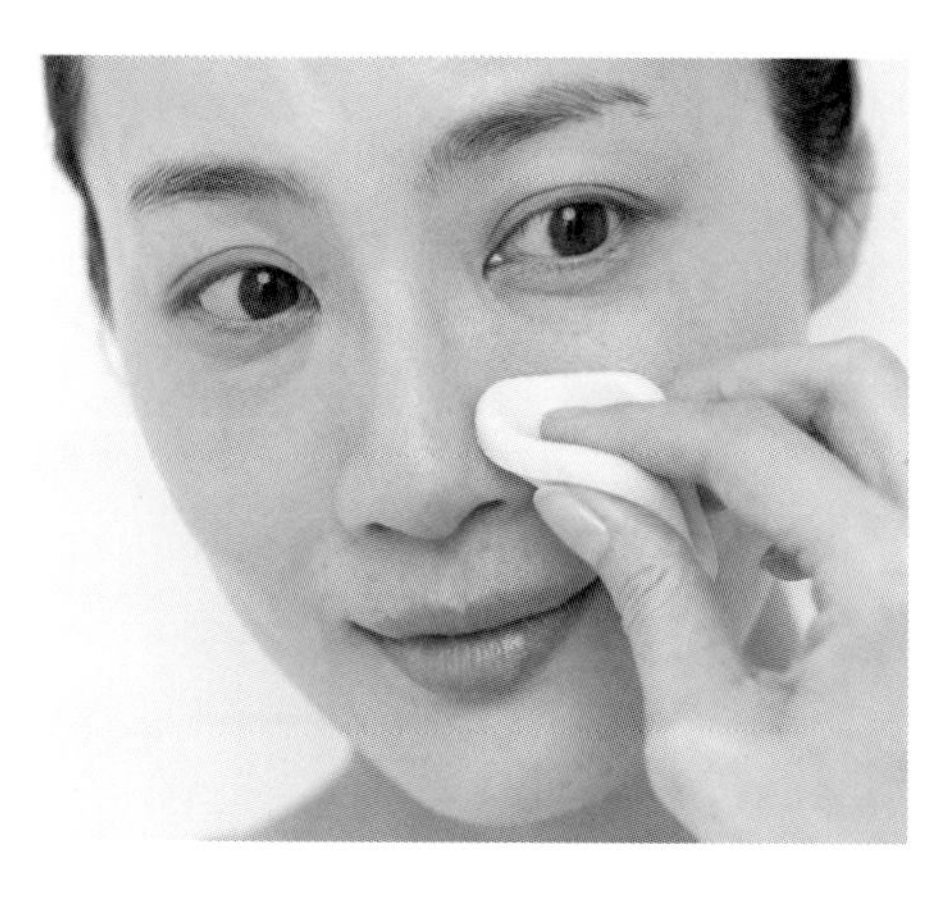

に、大量のフェイスパウダーを顔全体にたたき込んだり、べったり塗ってしまっては台無しです。
　スポンジやブラシ、パフにとったら必ず、手の甲で2〜3回ポンポンはたくようにして、余分なパウダーを落としなじませます。
　動きが多くて崩れやすい目の下、眉の上、眉間と小鼻まわり、口角の脇、あごはピタッと密着させられるスポンジで。
　テカリに見える額の生え際と頬はブラシで軽くひとはけすれば、テカらないのに、ツヤのあるキレイな肌の完成です！

Part 4

眉メイク

眉こそが
顔の「印象」を左右する

Reina's Method

表情とその人らしさを表すのが眉

「眉はどのタイミングで描けばいいですか?」。そう聞かれたら、迷わず「ベースメイクのあと」とお伝えしています。というのも、顔の印象を決めるのは、実は眉だったりするからです。**眉が整うことで、初めて表情が生まれます。**

イラストを見ていただければ、同じ顔でも眉の角度しだいで性格まで変わって見えるのがわかるかと思います。平安時代の人たちが眉を剃ったり、点のような麻呂眉にしていたのは、自分の感情を相手に悟られないことが美徳とされていたため。それくらい、眉は「その人らしさ」が色濃く表れるパーツなのです。

眉は描き方しだいで自分をどう見せたいかを演出できるパーツです。

キツイ印象で悩んでいる方も、眉の描き方しだいでやわらかな雰囲気に見せる

こともできますし、反対におっとりした雰囲気の方も、眉をキリッと仕上げるだけで頼れる存在に自己演出することができるのです。

そんな眉メイクで覚えていただきたい基本はたったの3つです。

①　眉の下辺はなだらかな曲線。
　　黒目のカーブと平行が基本
②　太さは黒目の半分〜3分の2
③　眉は、描いたら輪郭をぼかす

それぞれについては、このあと詳しく説明していきますが、眉メイクをマスターして、「なんだかキレイな人」をめざしましょう！

Reina's Method

理想の眉は、「わざとらしくない」眉

アイメイクを上手に仕上げるためにも、眉は欠かせません。アイメイクは、眉と目の間を埋めて目をパッチリ見せるのが目的ですから、**眉が決まれば、自然とアイシャドウをどこまで塗ればいいのか範囲が見えてくる**のです。すると、簡単でシンプルなのに、効果的なアイメイクができるようになります。

でも「アイメイクはするけれど、眉はよくわからないから適当に」という方、とっても多いのです。「毎日違う形になってしまう」「左右がそろわない」「描くと不自然に見える」――みなさんの悩みは尽きません。

では、大人はどのような眉をめざせばいいのでしょう。

今は少し太めで直線ぎみの眉がトレンドですし、私が学生のころは、アムラー眉なんていう細くてアーチ状の眉が流行りました。覚えている方もきっといらっしゃいますよね。けれど、大人に必要なのはトレンド眉ではありません。めざすべきは「わざとらしくない」眉！　眉が目立ってしまっては失敗なのです。

押さえておきたい基本の目安が、**目に沿ったカーブと自然な太さ**です。

眉は目元の一部ですから、眉の角度が目のカーブと同じだと、自然に目と動きが一体化して、「わざとらしくない」眉が整います。**眉に目がいくのではなく、その人本来の魅力に、人の目が集まりやすくなる**ということですね。

また、犬やネコを想像してほしいのですが、若い動物はツヤやかで豊かな毛並みです。反対に年をとると毛にツヤがなく、しょぼんとしてしまうものです。

毛は若さや元気さの象徴ですから、眉にも適度な太さが欲しいのです。

特に大人になると、髪やまつ毛など全体の毛量が減り、顔の輪郭も下がってきます。それを**ちょっぴり太めでゆるやかなカーブのついた眉が引き上げてくれ、自然と若々しく見せてくれる**のです。

Reina's Method

眉の生え方に合ったアイテムを選ぶ

眉メイクを難しいと感じてしまう理由が、眉の生え方がひとりひとり違うことにあります。基本的にどんな眉も描き方は同じですが、使うアイテムはせっかくの自分の眉を活かしてくれるものを選びましょう。ペンシル、パウダー、リキッドと、さまざまありますが、**眉の生え方に合ったアイテムを使う**と、キレイで自然な眉が描けます。最も一般的なペンシルは、毛を1本1本描けるので、眉の下辺のきちんと感を出したり、毛量が多い方に最適です。また、パウダータイプはふんわりと色がのるので、細眉や眉が薄い方には欠かせません。眉が生えていない部分を埋めるためには、筆ペンタイプのリキッドがオススメです。ペンシル同様に1本1本の毛を描けますが、密着度が高いため地肌に自然な眉を描けます。

眉のない方

パウダーアイブロウ ←…… リキッドアイブロウ

自然な陰影眉に。ケイト デザイニングアイブロウ3D EX-5 1,100円＋税（編集部調べ）／カネボウ化粧品

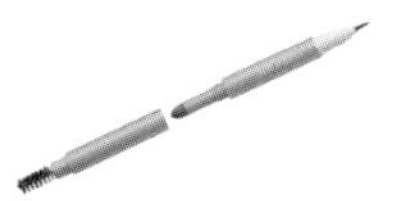

自然な眉に仕上がる。エスプリーク W アイブロウ スタイラー（リキッド＆パウダー） BR300 全3種 2,600円＋税(編集部調べ）／コーセー

眉の薄い方

ペンシル ←…… パウダーアイブロウ

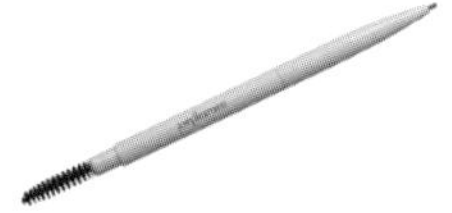

適度に硬い芯と、安定感のある軸で細い線も描きやすい。ナチュラグラッセ アイブロウペンシル02 2,800円＋税／ネイチャーズウェイ

濃～淡のブラウン3色で、どんな眉にもフィット。ヴィセ リシェ アイブロウパウダー BR-2 全3種 1,100円＋税（編集部調べ）／コーセー

眉の太い方

眉マスカラ ←…… ペンシル

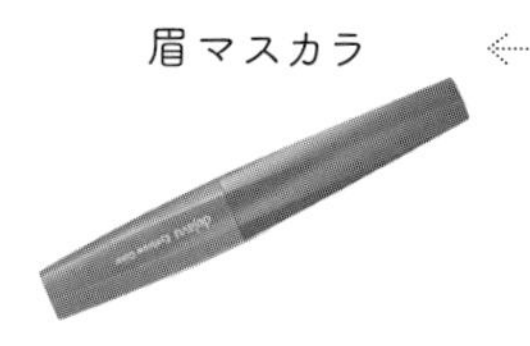

ブラシが小さく小回りがきき、自然に軽やかに仕上がる。デジャヴュ アイブロウカラー ウォームブラウン 800円＋税／イミュ

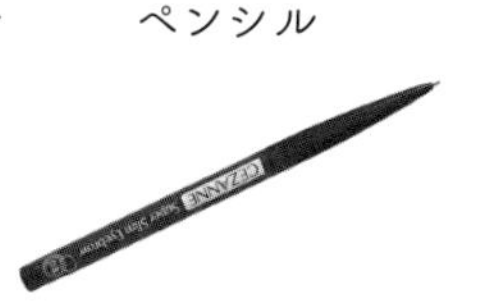

極限の細さの芯で、1本1本の毛並みを繊細に描ける。超細芯アイブロウ 03 500円＋税／セザンヌ

Reina's Method

眉尻と眉の下辺を決めれば、5割は完成！

「わざとらしくない」眉づくりで大切なのは、**眉の角度**です。鏡を正面に見て、まずは自然に見える眉の形を確認します。①まず眉尻を、口角と目尻を結んだ延長線上に設定します。細いペンなどをあてて位置を確認し、ペンシルで点を打ちましょう。続いては、眉の角度です。②下辺は、黒目のカーブに合わせて眉尻の点と結びます。③上辺は、眉山と眉尻を、黒目の外側から目尻にかけての丸みに合わせるのが基本。眉頭は、小鼻のふくらみの延長が基本です。①②③を描き、眉中を埋めたら、**眉頭を最後にぼかす**のが自然な眉の秘訣です。太さは、黒目の半分～3分の2を目安とします。この指標に沿って自分に合ったアイテムで足りない部分を足すだけで、自然な美人眉は手に入ります。

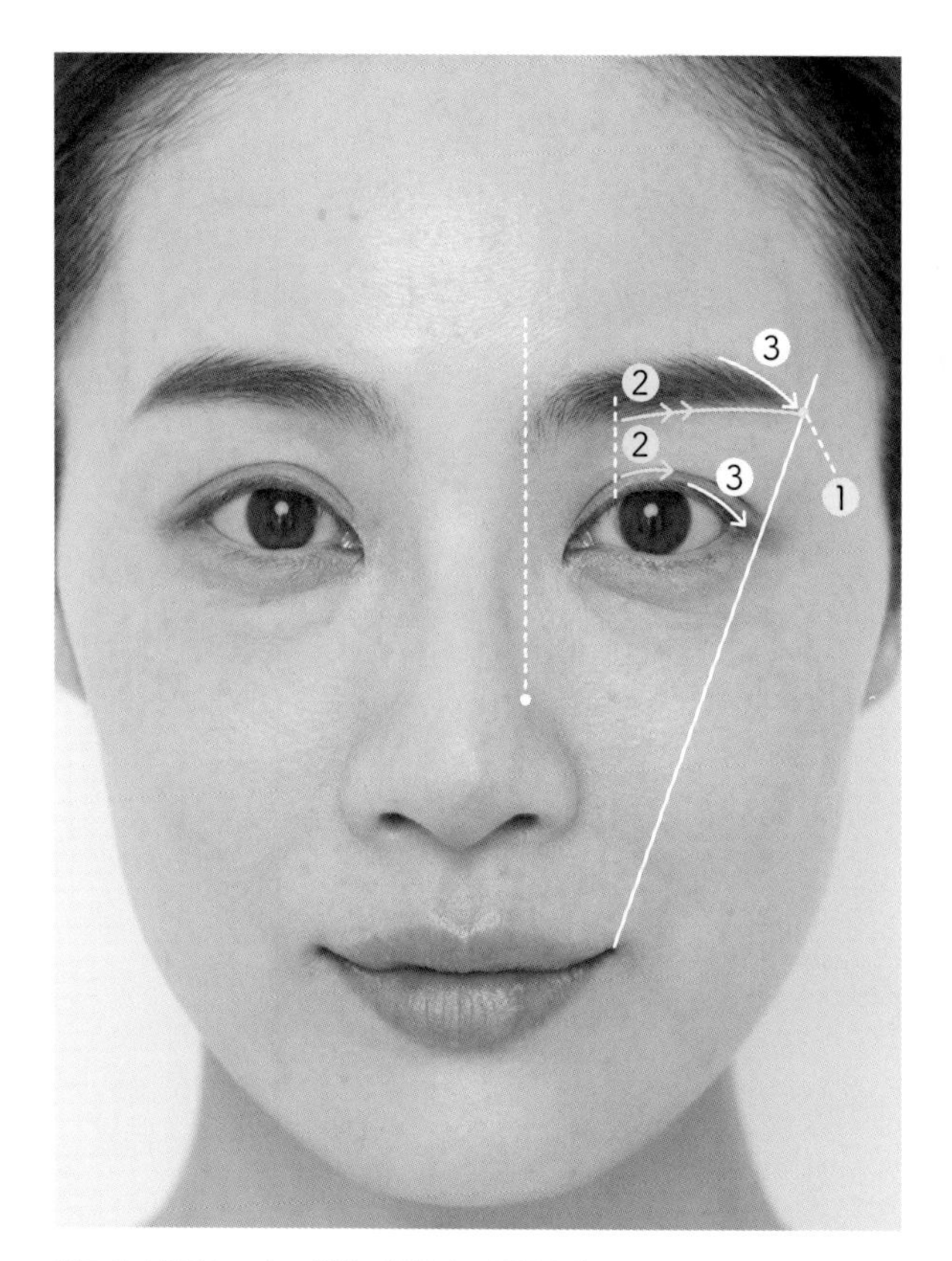

①口角と目尻をつないだ線の延長上に眉尻を決める。
②眉の下辺のカーブを黒目の丸みに合わせるように設定し、黒目の内側上の毛のたまり場から、眉尻に向けてシュッシュッと線でつなぐ。
③眉山から眉尻を結ぶ。

Reina's Method

眉の下辺から描けば、自然な眉になる

　眉を描くとき、左右差が気になるあまりについ、眉頭や眉山をいじってしまうものですが、実際のメイクで大切なのは、実は**眉の下辺**です。

　下の線をハッキリ描くと、そこが影になり、逆に淡く描いた眉の上側は飛び出して見えるため、自然で立体的に仕上がります。眉メイクは、**眉の下辺と、眉山から眉尻にかけての上辺さえきちんと描けば5割以上**完成です。

　眉頭や眉の上は、生えている毛を活かすだけで十分です。あとは中を軽く埋めるだけ。ここをしっかりと描いてしまうと、ペタッと貼りつけたような不自然な仕上がりになってしまうため要注意。眉下のラインを描くときは、**あごを上げて鏡を見下ろすようにする**と上手くいきますよ。

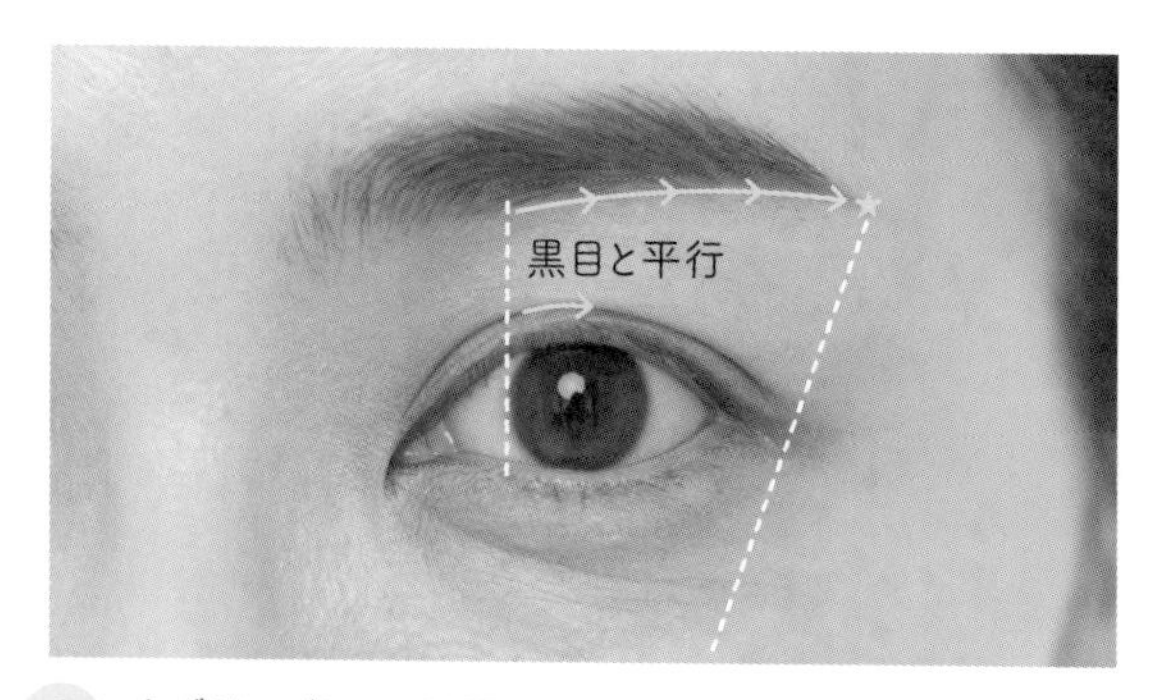

1 まずは口角から目尻の延長に眉尻の位置を決め、黒目の内側のカーブと平行になるように眉尻の点までなんとなくの線で結び、眉の下辺を描きます。短い線をシュッシュッと描いてつなげると自然です。

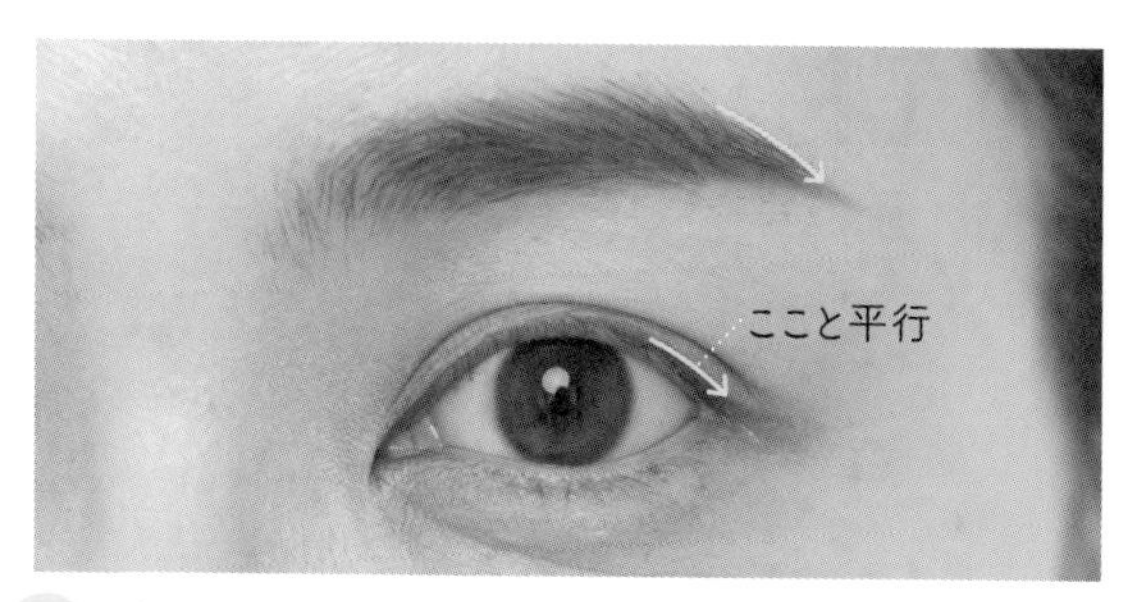

2 次に眉山と眉尻の点を結ぶように線を引きます。このとき、黒目の外側から目尻にかけてのカーブと平行になるように意識してください。

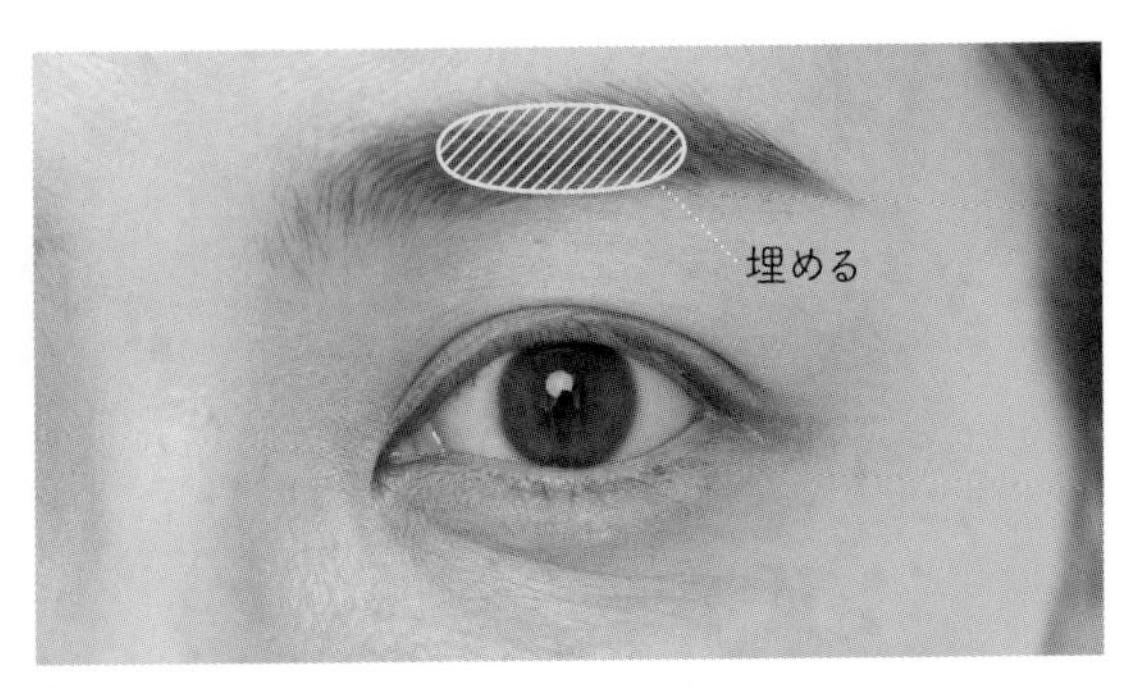

3 あとは引いた線の中を軽ーく埋めて、眉頭をスクリューブラシでぼかせば完成です。
眉が濃い方は、ペンシルやパウダーで毛のないところだけに1本1本線を描いていきましょう。
眉が薄い方は、ブラシにパウダーをとり、眉の下辺から上辺に向かって色をのせていくと自然な眉に仕上がります。

Point

1と2の間からはみ出る毛は、ハサミでカットするか、コンシーラーで消してみると、眉の理想形が浮き上がってきますよ。

Reina's Method

毛を描き足して、ナチュラル眉をつくる

最近は、お手入れしすぎない自然な眉が主流となっています。眉が細すぎると、寂しげかつ年齢以上に見えてしまうことは先にもお伝えした通りです。

ただ、若いときに毛を抜きすぎてしまった方は、いくら放置してもなかなか生えてきません。その場合、**「本当はここに生えていたらいいのにな」という場所にペンシルやリキッドで毛並みを描き足す**必要があります。ここで注意してほしいのが、「描き足す場所」。つい毛のある場所に毛を描いてしまう方が多いのです。

これでは太さは変わらず、ただ濃い眉になってしまうだけ。

失敗が怖い場合は、色が濃すぎないペンシルやリキッドを選び、ペンの後ろ側を持つと薄づきに描けますよ。自然で若々しい太眉を目指しましょう。

Reina's Method

若々しい眉の決め手は「黒目の3分の2の太さ」

毛は、若さや生命力のバロメーターです。

ハツラツとした印象をつくるためには、どうしても毛のツヤや量が欠かせません。とくに私たちの顔のなかで一番毛が密集しているパーツが目元であり、眉です。眉は、表情に大きく影響を与えるパーツですから、**適度な毛量でフレッシュさを演出するとそれだけで、明るくて好感度が高く、親しみやすい雰囲気になります。**

薄い眉や細い眉は全体的に元気がなく、寂しげな印象になってしまいますし、顔にメリハリが生まれないため、立体感がなく、大顔に見える要因にもなります。もともと眉が細い方や薄い方は、眉メイクで濃さと太さを足す工夫が必要です。

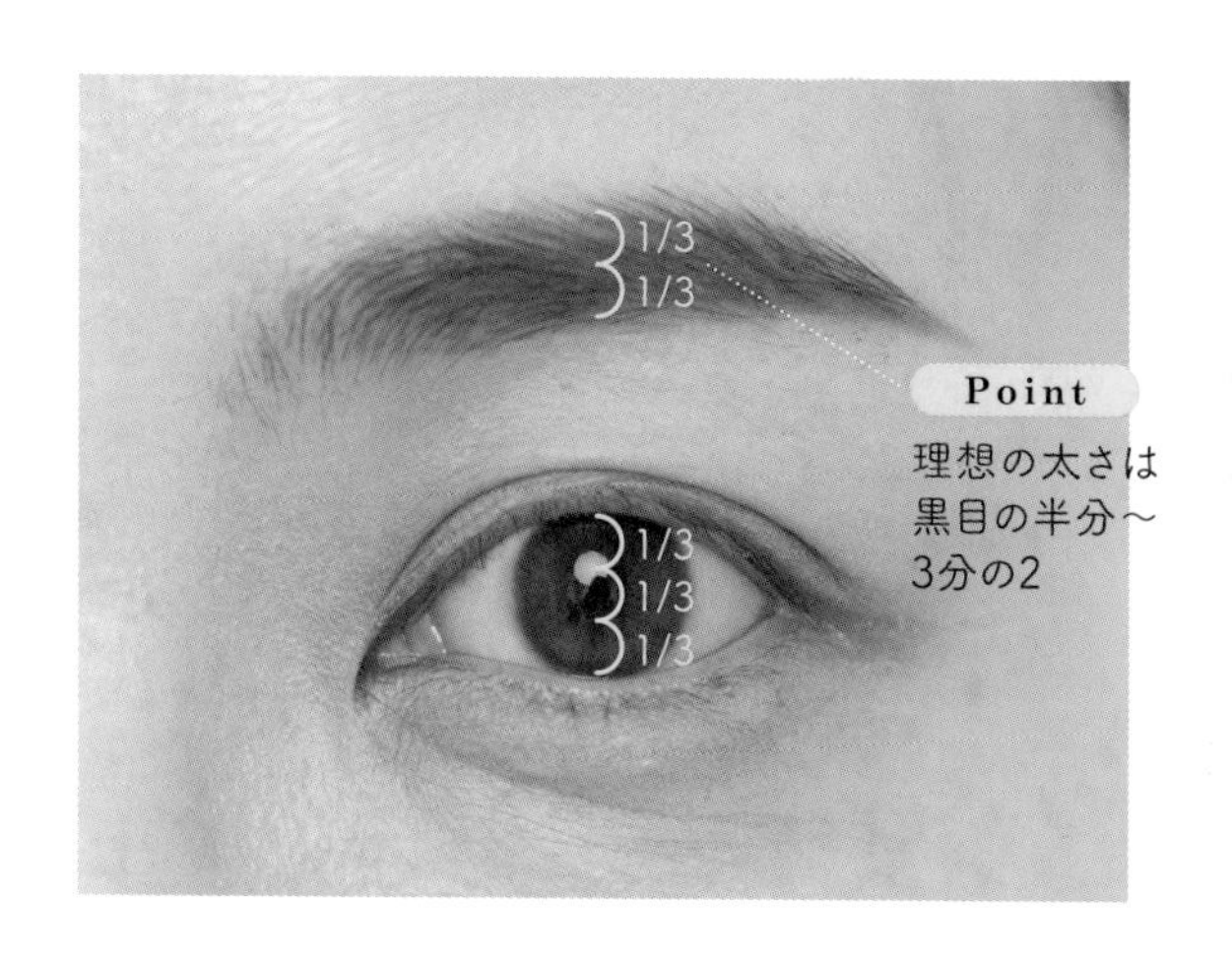

自然に見える眉の太さは実は黒目の大きさと比例します。

目が大きい方は太眉でもしっくりきますし、目が小さい方はある程度細めでも自然に見えるのはそのためです。

大人の眉の太さは、黒目の**半分〜3分の2を目安**にするのがオススメです。

黒目の内側から眉山くらいにかけての太さをこれくらいに設定し、眉山から眉尻にかけての外側は、自然と細くなるようにしましょう。

すると、顔の余白が少なくなるので小顔になり、若々しく、なおかつ横顔もキレイな美人眉が簡単に完成します。

Reina's Method

眉頭より眉尻を上げると、5歳若く見える

もし、眉の形がキレイに整っていても、どことなく寂しそうに見えたり、目が若いころより下がって見えてしまうとしたら、眉尻の高さを見直してみてください。眉頭の高さよりも、眉尻の位置が下がっていませんか？

ハの字眉を解決するためのとても簡単なポイントは、「眉頭よりも眉尻を少し上げて描くこと」です。

特に35歳を過ぎて放っておくと、どうしても重力に負けて目元やフェイスラインなど、顔全体が下がってきます。それをリカバーしてくれるのが眉メイク。

いわば、眉は**顔の印象を決める額縁のようなものです。**

眉しだいでその方の人格まで変わって見える、と言っても過言ではありません。

＼ 眉尻は下げない！ ／

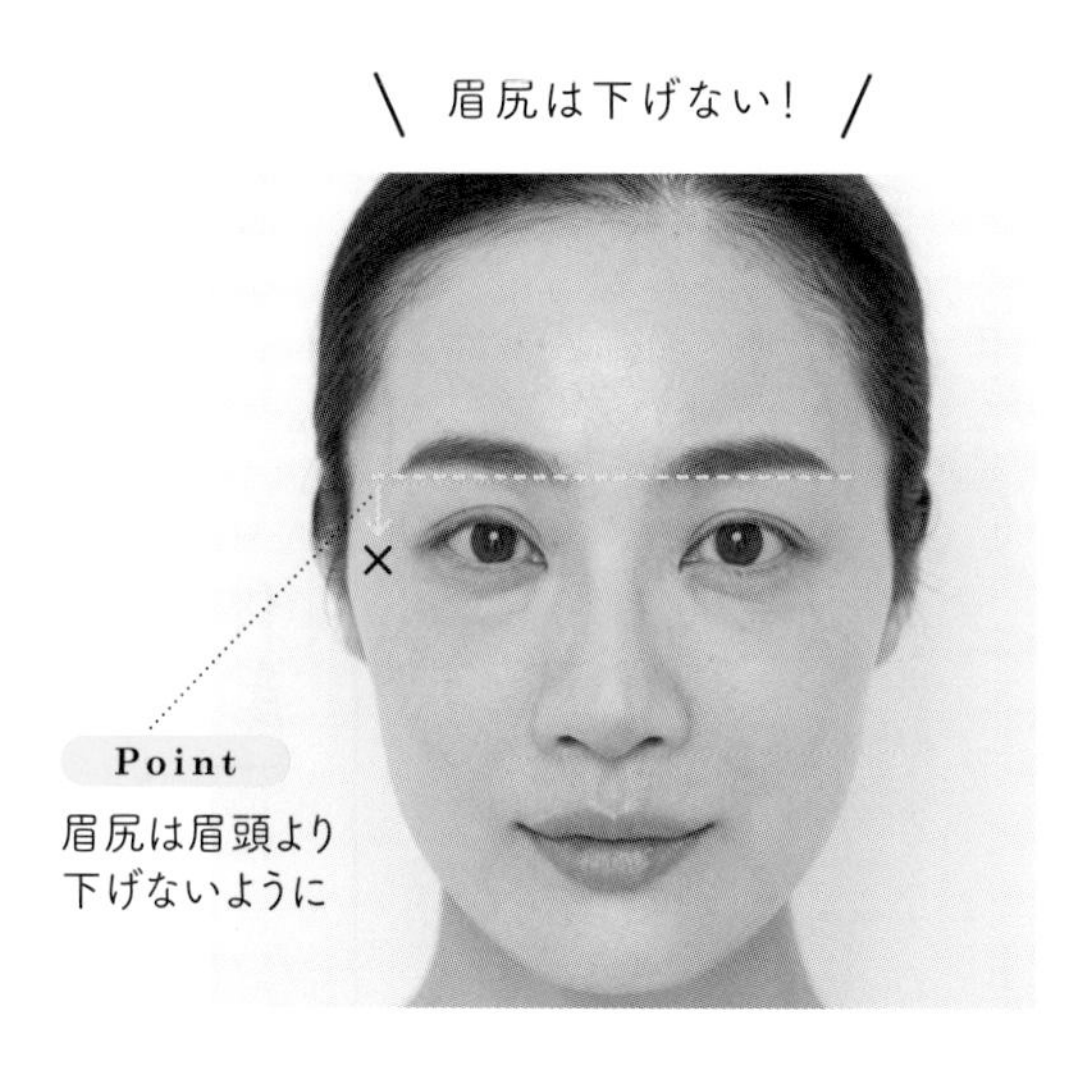

眉がキュッと上向きであれば、イキイキとした印象に見えてくるもの。とはいえ、上げすぎると強い人という印象になってしまうので禁物です。

目安は眉頭の下辺から眉尻にペンなどをあてて、眉尻側に1〜2ミリのすき間がある程度で十分です。

もし、メイクをして、眉頭よりも眉尻が下がってしまった場合は、あわてずに写真の点線より下に見える部分だけを、綿棒でやさしくぬぐえば大丈夫です。

Reina's Method

眉頭の色をスッと鼻すじに伸ばせば、一気に「立体顔」に

みなさんのお話を伺っていると、眉をどう描いていいかわからず、とりあえず眉頭から色をのせているという方がとても多くいらっしゃいます。すると、「はじめにのせた部分が濃くなる」法則で、眉頭が強く、険しい表情に見えてしまうことに。これでは本当はやさしい方でも近寄りがたい印象を与えてしまいます。

あくまで**「眉頭のメイクはいちばん最後にうっすらと」**が基本です。

眉頭の位置の目安は、小鼻のふくらみの延長上です。ここより内側になるとキリッとした印象が強まりますし、ここより外側にするとほがらかな印象が強調されます。

毛が足りない場合には、リキッドか細めのペンシルで下から上へ、実際に毛を

生やすような感覚の軽いタッチで描き足します。毛が多い方は、鏡を見ながら1本ずつカットしましょう。

毛の微調整がすんだら、パウダーを使い、筆やチップを下から上へ動かしぼかします。

そして最後に、眉頭から鼻すじにかけてのへこんだ部分に、指の腹を使ってなでるように、眉頭にのせた色をスッと移します。

このひと手間で目と眉に一体感が生まれ、眉山に無理な角度をつけなくても、立体的な目元が完成します。

Reina's Method

若いころのアートメイクは、コンシーラーでリセットできる

昔入れたアートメイクの形が邪魔をして、眉の正しい位置がわかりにくいという方や年齢により目元が下がってきたことで余計に顔が下がって見えてしまうことに悩んでいる方も多くいらっしゃいます。そんなときはいらない部分にだけ、濃いシミを消すのと同じ**肌色スティックコンシーラーで消してしまいましょう。**

消すポイントは、111ページでご紹介した眉頭の下から横に伸ばした線より下にはみ出すラインです。そこにコンシーラーを少量直塗りし、上からフェイスパウダーをポンッとおさえ込むようにすればキレイに消えるはずです。

上から眉を描くときには、ペンシルなど圧がかかるものだと、コンシーラーをえぐってしまう恐れがあるので、リキッドアイブロウで軽く描いてくださいね。

Reina's Method

眉の色の決め方・選び方

眉の色については、流行に合わせたり元の眉色に合わせたり、髪色に合わせたり……とさまざまな理論がありますが、いい意味で「目立たない眉」に仕上げるには、基本的に髪色に合わせるのがオススメです。

黒髪の方は、**「グレーブラウン」**など、**眉色を髪より少し明るめに整えるほうがやわらかな印象に仕上がります。**また、**髪を明るくカラーリングしている方は、髪色に似ていて、ちょっと暗めの色を選ぶと、自然に仕上がります。**そうすることで、顔の印象がハッキリして、若々しく見せることができます。また、元の眉が濃い方は、**眉マスカラ**で色を少し明るめに整えましょう。毛流れに沿ってサッサッとなじませるように塗ると、軽やかに仕上がりますよ。

Reina's Method

眉メイクが面倒な人は「眉ティント」を使おう

もともと眉毛が薄かったり、眉の毛量が少なくて悩んでいる方は、「眉ティント」を使ってみるのもひとつの方法です。

ティントとは、英語で「染める」という意味。化粧品では特に口紅などにティントという名前がついたアイテムが多いのですが、近年の太眉ブームもあってか、眉をうっすらと染め上げる「眉ティント」が増えてきています。

イメージとしては、数日で消える眉のタトゥーです。眉全体に眉ティントを塗り、しばらくおくと固まってきます。これをパックのようにはがすと、地肌がうっすらとブラウンに色づき、すっぴんの状態でも眉があるように見せることができるのです。私自身も何度か使ってみたことがありますが、ほんのりと色づく

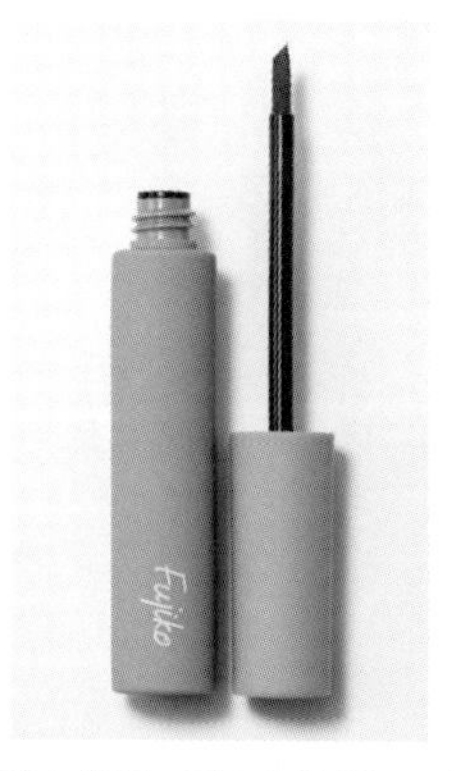

お風呂上がりに使うと、朝のメイクがとってもラクに。
フジコ 眉ティントSVR 全3色＋限定1色 1,280円＋税／かならぼ

程度なので失敗する心配もありませんし、数日で自然と色は落ちていくので便利です。

　コツは、眉を描くのと同じ要領で、**眉の下辺↓眉山から眉尻↓眉頭**の順で塗ることです。眉ティントもファンデーションなどと同じように、塗りはじめたところが濃くなるので、眉頭から塗らないよう、気をつけてください。

　2～3日は色持ちするので、パートナーの前でメイクを落としたくないという方や、旅行に行くとき、プールやエクササイズをする方などにもオススメですよ。

Reina's Method

眉ペンシルは「真ん中より後ろ」を持つ

「眉がベタッと仕上がってしまう」「描いても色がのらない」。そんな声をよく耳にしますが理由は簡単！　力を入れすぎているから。たったそれだけです！

眉のアイテムに限らずメイクアイテムは、やさしい力でも色がつくようにつくられています。にもかかわらず、ギュッと力を入れてしまっては、上手に色がのらないのは当然です。自然で、「なんだか素敵」に見える眉のコツは、**「ペンの真ん中より後ろを持つ」**ことです。そうすると、自然と力が抜けて、やわらかい線を描くことができます。鉛筆だって、芯の近くを持てば筆圧がかかって濃くなりますし、後ろのほうを持てば薄くなりますよね。**メイクに余計な力はいりません。やさしいほうがうまくいくし、キレイになれますよ。**

Reina's Method

利き手と逆から描きはじめると、左右対称の眉になる

「左右の眉がどうしても同じようにならない」。これも多い悩みです。もちろん、左右対称の眉は美しいですが、完璧にきっちり同じにする必要はありません。でも、「だいたいそろえる」にはちょっとコツがあります。ぜひ**不得意なほうから描きはじめてみてください**。また、片側の眉を完成させてからもう一方を完成させようとしないこと。眉の下辺を描いたら反対側の下辺、次に苦手な眉の眉山から眉尻、そのあとで得意な眉の眉山から眉尻……と、**ステップごとに左右交互に描きましょう**。そうすると左右差を微調整しながら描くことができるので、仕上がりがとてもキレイです。そもそも、顔は左右非対称なのが当たり前。ここはちょっぴりおおらかな気持ちで諦めることも、親しみやすいキレイの秘訣です。

Reina's Method

「眉下のベージュシャドウ」で目元の立体感アップ

しっかりと目元に陰影をつけるために欠かせないのが、**「眉の下に仕込むベージュ色のアイシャドウ」**です。

そのためには、まず眉の下辺をきちんと描いて、上にいくほどに淡くぼける、下から上へのグラデーションが欠かせません。この基本的な描き方を実践すれば、自然と立体的な眉にはなりますが、さらにもうひと手間加えると、目と眉の一体感が生まれ、よりメリハリのある目元に仕上がります。

ベージュシャドウは、肌色よりもワントーン暗いパールなしのものを選びましょう。多色入りの眉パウダーをお持ちであれば、そのなかのいちばん明るい色を使ってもＯＫです。

＼ 目元が一気に3Dになる ／

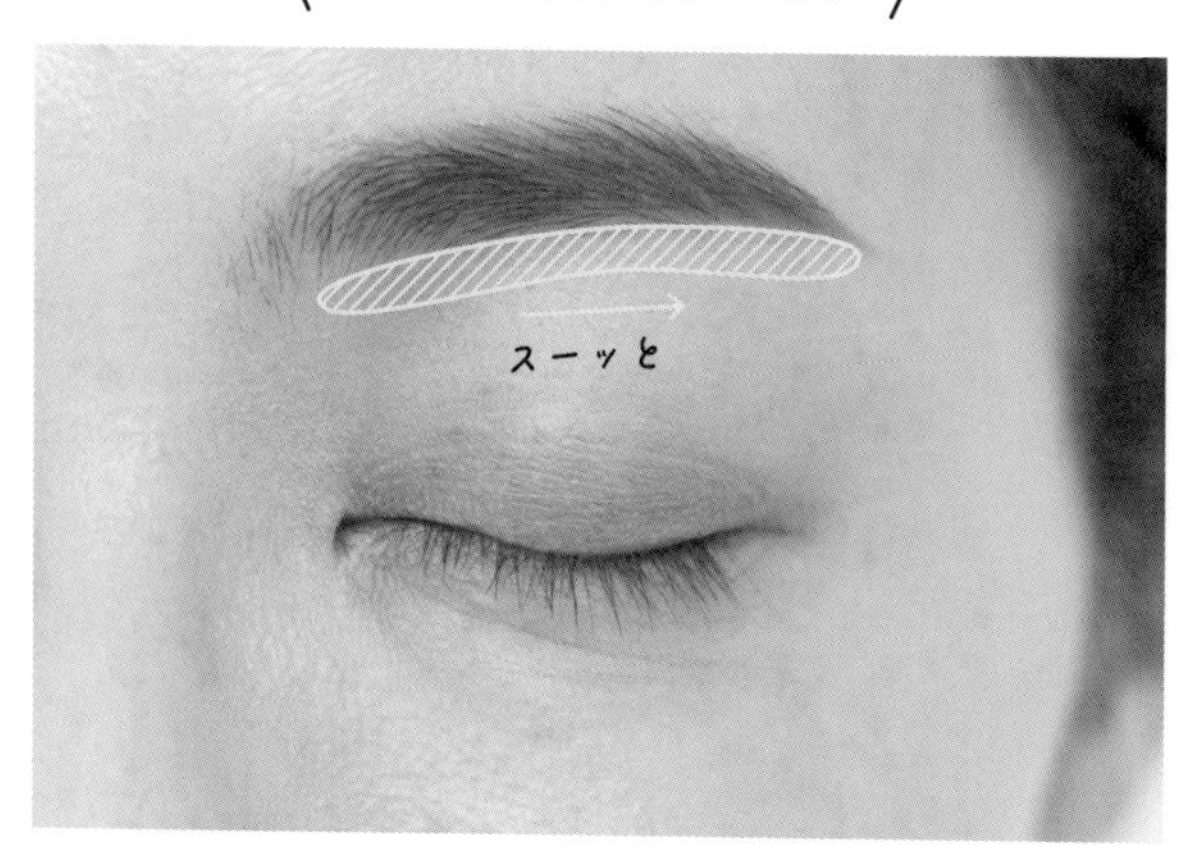

塗る場所は、眉の下辺の下。

ベージュ色のアイシャドウをブラシにとり、下辺の下に軽いタッチで線を引くように内から外へスーッと色をなじませるだけ。

実際に塗ってみて自分では変化がわからないくらいでも、効果は十分です。

遠目から見ると、眉の下にうっすらと影がつき、一段深く見えるので、目に力が宿り、パッチリとした印象にしてくれます。

目と眉の間隔が離れている方にもオススメのテクニックです。

Reina's Method

気になる左右差、バランス調整法

もともと、眉の左右差は、誰にでもあります。よほど大きく形がズレていなければ、多少の違いは気にしない！　それくらいでメイクを楽しんだほうが素敵に仕上がります。ただ、高低差はなんとなく困った顔に見えてしまうため、整えたいものです。そのためには、**高くなりやすい眉は全体的に下側に、低くなりやすい眉は上側に描き足してみてください。**

眉の高低差は、描きはじめる場所を変えることで差が埋まり、自然と解消されます。眉の高低差の原因は表情グセなどによるものが大半です。上がりやすい眉は力が入りやすいということなので、気づいたときに力を抜くよう心がけてみてください。自分の顔のクセを知ることで、もっとキレイに近づけますよ。

REINA'S TIPS 4

道具は端っこを持つと
やさしいメイクに仕上がる

もしプロとみなさんのメイクに違いがあるとすれば、それは「力加減」ではないでしょうか。

力いっぱいに塗ると色づくような気がしますが、実際は逆。力を入れすぎると、今までつけていたものをえぐってしまったり、色がにごる原因にもなります。

メイクで大切なのは、やさしい力加減で塗ること。すると、不思議なほどキレイに発色したり、キレイについたりするようになります。そのためのコツが、道具の端っこを持つことです。

鉛筆を思い出してみてください。芯の近くを握ると筆圧が強く、色も濃くなりますよね。メイクのときは、アイライナーもリップライナーもブラシも、端っこを持ち、力が抜けているくらいがちょうどいいのです。

ファンデーションを塗るスポンジも同じです。先端を持ってペラペラするくらいがキレイなメイクに仕上がります。

そして、道具だけでなく自分自身をやさしく丁寧に扱うことも大切です。それだけでメイクも表情も、自然とやさしい仕上がりになりますよ。

Part 5

アイメイク

大人に必要なのは
「やわらかい線」

Reina's Method

加齢・重力に負けない！目元のつくり方

「なんだか今までよりも顔がぼんやり見える……」
「目が小さくなったような気がする……」

普段の生活のなかではなかなか気づきませんが、写真を撮ったときに初めて気づいてレッスンを訪れました、という方がたくさんいらっしゃいます。

目元がなんだかぼんやりしてきた理由は、目のフレームが緩んで弱くなっていることにあります。年齢とともにまつ毛などは細く少なくなってきますし、目尻も重力によって下がってきます。上まぶたに濃い色のアイシャドウを塗ってもパッチリとした目元にならないのは、目のフレームが緩いままだからです。

目の輪郭がはっきりしていなければ、頑張った分だけの効果は出ない。それが大人のアイメイクの実態です。

アイメイクで大切なのは、**目のフレームをハッキリさせることに他なりません。**少女漫画を想像してみてください。女の子は目の輪郭がアイライン効果で黒く縁取られ、まつ毛がしっかり上を向いているはずです。このふたつのポイントをおさえるだけで、目元がパッチリ華やかな印象になるのです。

アイラインと聞くと「難しそう」と感じる方がほとんどだと思いますが、安心してください。**キレイな線でなくても大丈夫！　目元の輪郭がハッキリすればいいだけなので、点をつなぐだけで十分なのです。**同じように、まつ毛も**しっかりと上を向いていること**が大切です。太さや長さにはとらわれなくて大丈夫です。

アイメイクには、アイシャドウ、アイライナー、マスカラとさまざまなステップがありますが、大切なのは、どの工程においても「目のフレームをハッキリさせること」。そこさえしっかりイメージしておけば、不器用さんでも最小限のメイクで華やかで元気な目元に仕上げることができますよ。

Reina's Method

アイシャドウは黒目の上から塗りはじめると、若々しく

縦幅のある丸い目は可愛い印象、横幅のある切れ長の目はスッとクールな印象と、目は形で印象が変わります。その形づくりにひと役買ってくれるのが、アイシャドウです。**親しみやすいメイクには、大人こそ「ちょっぴり可愛い目元」くらいがちょうどいいもの、**そのためには縦に丸い目元をめざします。

目のなかでいちばん前に出ているのが黒目部分。ここから塗りはじめると黒目が強調され、縦幅のある女性らしくやわらかな目元に仕上がります。

まずはお手持ちのアイシャドウパレットのなかで、いちばん明るい色をアイホールに塗りましょう。アイホールとは、目を閉じたときにふくらんでいる眼球の半円状の部分です。このとき、色をのせるのは黒目の上から。「量をたくさん

＼ たった2色でもデカ目に！ ／

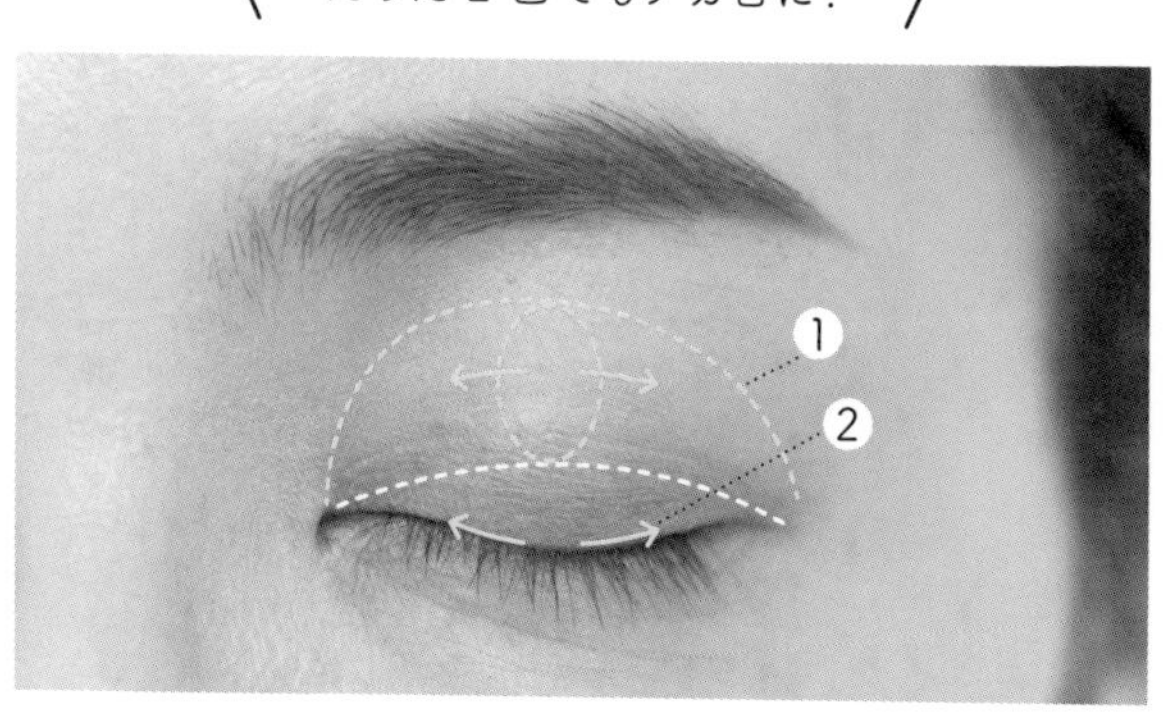

塗ったところは飛び出して、薄く塗ったところは引っ込んで見える」の法則です。

次に、パレットのなかでいちばん暗い色を二重の幅に沿って細めに塗ります。

このときも、黒目の上から目尻に向かって塗り、また黒目から目頭のほうへ伸ばしましょう。**黒目の上だけ少しふっくらさせると、縦幅が強調され、よりパッチリと仕上がります。**

あとは、何もつけていない指かアイシャドウについているチップで、淡い色と濃い色の境目をなでるようにするだけです。

アイシャドウの基本は、淡い色と濃い色の2色があれば十分なのです。

Reina's Method

好きな色でOK。大人はしっとりシャドウの「指塗り」で

カラーバリエーションが豊富なアイシャドウは、選ぶ色によってあなたの印象をコントロールしてくれます。

ピンクやオレンジなど暖色系には、温かみややわらかさを出す効果がありますし、ネイビーやこげ茶色など、深みのある色はクールな感じに、アイスブルーは軽やかさや透明感、パープルやラベンダーは女性らしさやエレガントな雰囲気と、洋服を選ぶみたいにワクワクした気持ちで、その日ピンとくる色をのせてみてください。

カラー診断やタイプ別診断に縛られすぎず、もっと自由にメイクを楽しみましょう。なにも心配する必要はありません。**大事なのはバランス。**たとえ本来の

自分の肌タイプと合わない色でも、塗り方次第で似合わせることができますよ。

それに薄いパステルカラーは、下まぶたにうっすらとなじませると白目をクリアに見せてくれる効果もあります。

ただ一点、アイシャドウを選ぶときにチェックしたいのが、「質感」です。

顔のなかでも皮膚の薄い目元にのせるため、指で触ってみてしっとりしたものを選ぶようにします。手の甲になじませてみて、光を当てるとパールのように輝くものがオススメです。ラメなどの粒が入ってシャリシャリしているものは、華やかではありますが、普段使いには適さないでしょう。

最近では、クリームタイプやチップなどで塗るウォーターベースのものなど、アイシャドウはバリエーションがたくさんあります。実際にお店で触って質感を比べてみてもいいかもしれません。

アイシャドウはしっとり感。

そしてなによりも大切なのは、**心がワクワクする色を直感を信じて選ぶこと。**

それさえ押さえていれば、どんな色でも必ず素敵に見えるはずです。

Reina's Method

「鏡を見下ろす」だけで、目は大きくメイクできる

アイシャドウの役割は、印象のコントロールと目元の奥行き感の演出です。

ほとんどの方がまぶたを閉じて片目で小さな鏡を見ながらメイクをしていると思いますが、それだと実際は効果的に塗れていなかったりすることも……。

特にあごを引いてメイクしてしまうと、アイホールの正確な範囲がわからずに、せっかくのアイシャドウもかえって目元を小さく見せてしまうことになりかねません。

目を最大限大きく見せるには、姿勢が大事です。上まぶたは、鏡を下に持ち、見下ろすような姿勢でメイクしてみてください。すると、まぶたが最大限にあらわになり、目を大きくつくることができます。洗面所などの鏡の場合は、あごを

鏡は正面から見ない

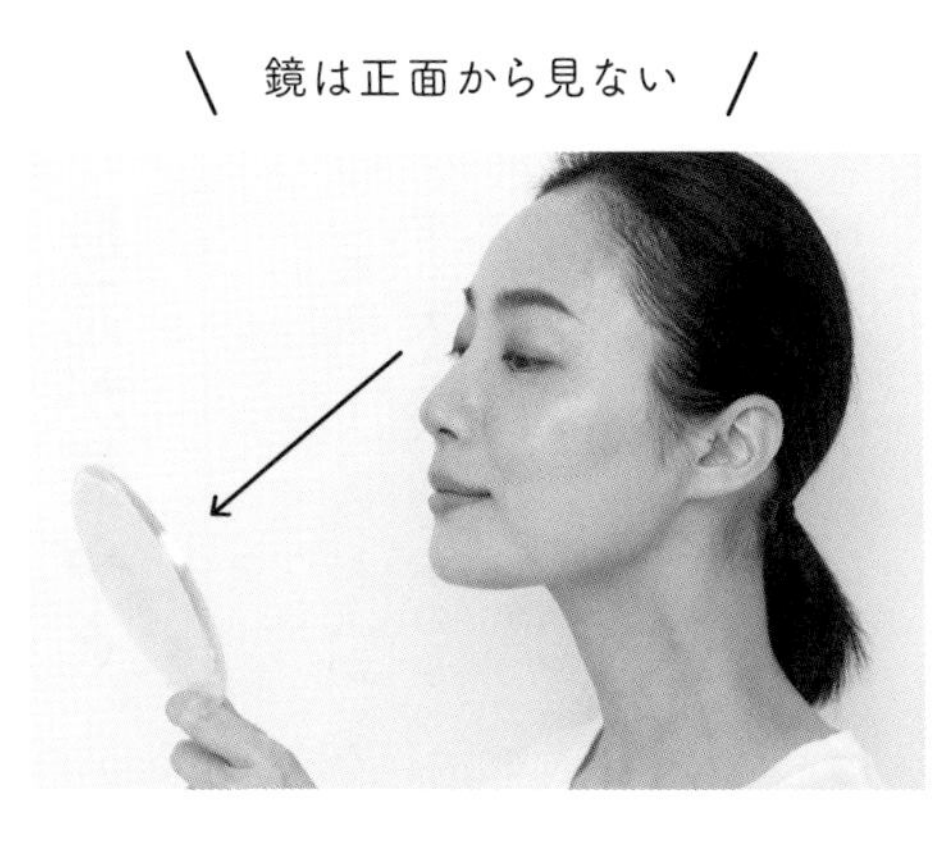

上げて鏡を見下ろします。実際にやってみると、片目をつぶってメイクするよりもずっとラクなはずです。反対に**下まぶたをメイクするときには、鏡を少し上げて下から見上げるか、洗面台の場合はあごを少し下げて鏡を見上げるようにすると**、下まぶたの範囲が自然に見えてきます。同じように、眉やアイラインなど目尻にメイクをしたときは、横顔もチェックします。

顔は立体です。自分では正面からしか認識できませんが、他の方には横顔や斜め後ろなどいろんな角度から見られています。

鏡の角度をちょっと意識するだけで、ぐっと洗練された印象に仕上がりますよ。

Reina's Method

こげ茶ペンシルの「点々アイライン」で目元が華やぐ

「目元の輪郭づくり」に欠かせないのが、アイラインですが、この方法なら不器用な方でも大丈夫。一本のきっちりした線にする必要はありません。

簡単なのは、ペンシルタイプで「点々」と色をのせ、チップや細めのブラシでぼかす方法。なじみのいいこげ茶が最適です。とくに不慣れな方には、簡単でぼかしやすい**芯がやわらかめのペンシル**をオススメします。

アイラインの役割は、「目の輪郭をハッキリさせること」。目のフレームとなるまつ毛の根元になんとなく濃い色がのればいいのです。

鏡を下に持ち、まつ毛の上から根元にアイラインのペン先をあて、根元の1〜2ミリ上をなぞるように、ブツブツの線を描いていきましょう。

＼ 線じゃなくてもOK ／

視力の悪い方も**「なんとなくまつ毛の根元にペンがあたってるかも？」という程度で大丈夫です。**ペン先を寝かせて一箇所につき、ペン先をコチョコチョと動かして、またずらしてコチョコチョするだけ。短い線が連なっていれば成功です。

まつ毛の根元に沿ってコチョコチョラインを引いたら、インクが乾く前にすぐに何もついていないチップやブラシでぼかします。

すると、まるでまつ毛が密集したようなパッチリとした華やかな目元に仕上がり、にじみ防止にもつながります。

Reina's Method

時間がなくても盛れる！「アイライン」の底力

「点々アイライン」に慣れてきたら、オススメしたいのが**「インサイドライン」**です。インサイドとは、目の内側のこと。まぶたを引き上げたときに見えるまつ毛の生えギワに引くラインのことを「インサイドライン」と呼びます。

まつ毛の密度を高めて見せることができるので、より自然に目をハッキリさせてくれます。先ほどの「点々ライン」が華やかな印象なのに対して、**インサイドラインは「ナチュラルなのに印象的な目力」といったイメージ**でしょうか。目の内側なので誰にもメイクしているのを気づかれることなく、確実に目力がアップする秘策。時間がないときは、インサイドラインだけでも十分です。

インサイドラインは、まぶたを引き上げることで見えてくる場所に入れるのが

ポイントです。アイライナーのペン先をまつ毛の下から入れ、まつ毛の根元になんとなく色をつけます。入れ方は「点々ライン」と同じでＯＫですが、内側の隠しラインのため、こげ茶、もしくは黒を選ぶとより効果的です。

「まつ毛が密集しているように見せる」ことが目的なので、目尻と目頭の両サイドは、それぞれ2ミリほどあけると自然でにじみ防止にもなります。速乾性のあるものを使うのもオススメです。

また、デリケートな粘膜部分に近いところに入れるので、敏感な方はナチュラル系商品を選ぶとよいでしょう。

Reina's Method

「まつ毛ギワのフェイスパウダー」でパンダ目防止

「目の下がまっ黒になるからアイラインは苦手」。そんな方にぴったりの裏ワザが、「まつ毛ギワのフェイスパウダー」です。たとえにじみにくい化粧品を使っていても、まつ毛のキワにファンデーションや基礎化粧品、下地などの油分が残ったままだと、どうしてもにじんでしまうものです。そこで登場するのが、**ベースメイクの仕上げのフェイスパウダー**。ファンデーション用のスポンジか、アイシャドウパレットなどについている小さなブラシを使い、目のキワになじませます。

ただし、粉っぽくならないよう、スポンジやブラシにパウダーをとったら、一度手の甲で余分な粉を払ってのせるのが大切です。指でふれてさらっとした目元なら、その日一日、パンダ目とは無縁でいられるはずです。

Reina's Method

アイメイクの洗練度は、「ぼかしテク」がかなえてくれる

ナチュラルなメイクに強い「線」はいりません。くっきり刻まれたシワや、目尻にピッとのばしたアイラインを想像するとわかるように、線は残るほど老けて見えたりキツく見えたりします。みなさんにお伝えしたいのは、「なんだかキレイ」とか「話しかけやすそう」といった、女性としてのやわらかな部分を引き出すメイクですから、強く見える線は必要ありません。

それよりも大切なのは、**「ぼかすこと」**。アイラインを引いたら、チップや細めのブラシでぼかしてください。アイシャドウも、色と色、色と肌の境目を、指でやさしくぼかすことが大切です。「ここまで塗りました！」とわからないくらいがちょうどいい。このひと手間で、簡単に洗練された印象に仕上がります。

Reina's Method

ビューラーとマスカラで目の縦幅を広げる

まつ毛は、向いている方向によって印象が大きく変わるパーツです。カールや長さによって顔全体の印象をコントロールできるのです。

カールがなだらかで、伏し目がちなまつ毛はセクシーで魅力的ではありますが、大人の普段メイクに必要なのは、明るさや華やかさ。そのためには、**まつ毛は根元から上がっていることが大切です。**そうすると、目の縦幅を広げて目を大きく見せてくれますし、白目がクリアに見えるため、活発でイキイキとした印象も引き立ててくれます。

日本人のまつ毛は、髪の毛と同じようにかための毛質が多いので、ビューラー使いとカールキープできるマスカラ下地がポイントになります。

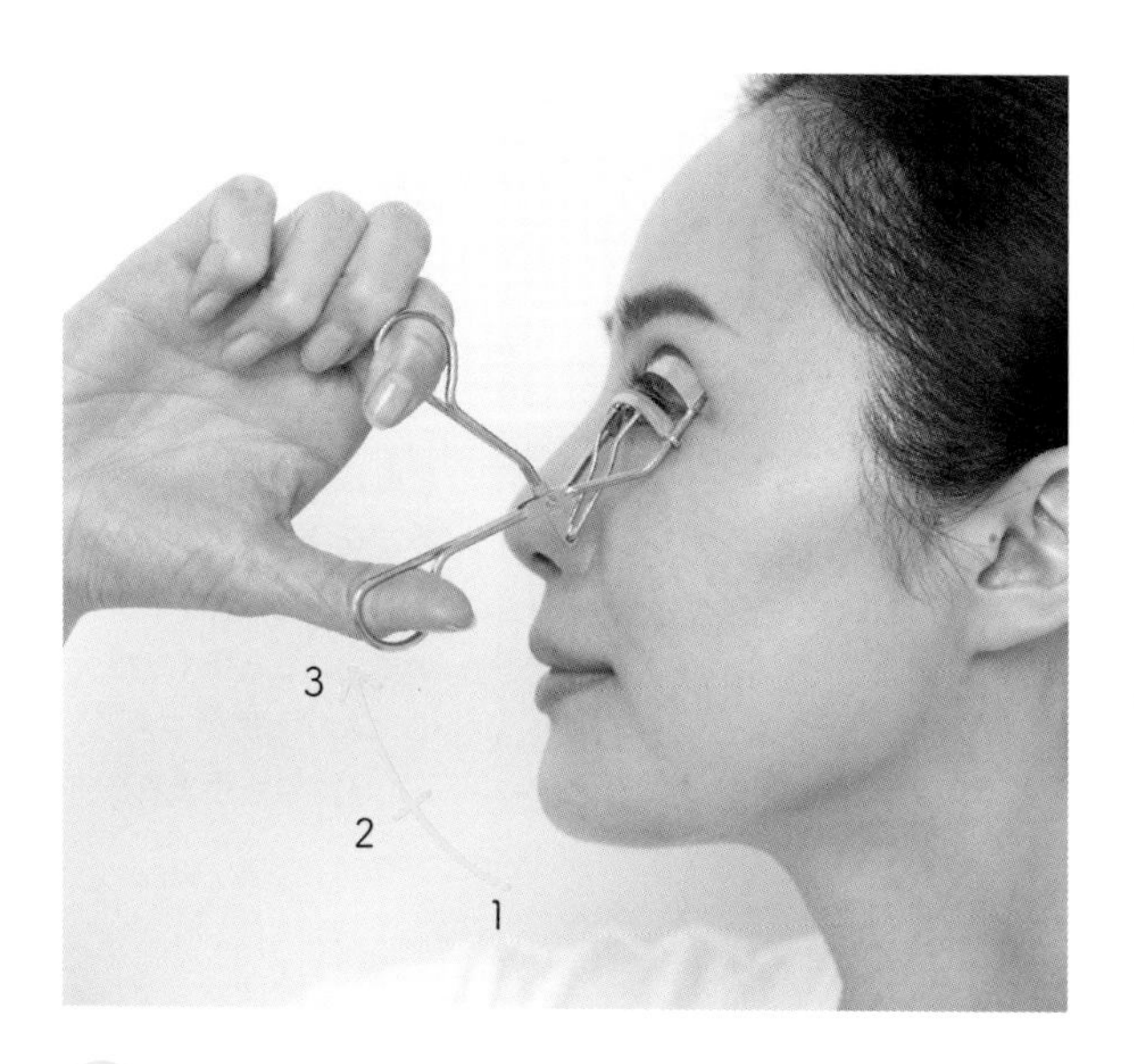

1

まつ毛を挟む上側の金具をまぶたに押しつけ、まつ毛の根元を押し出します。

根元を一度挟んだら、ひじを上げ、毛先まで3段階くらいに分けて挟んでいきます。

強く挟むと、カクンと直角のまつ毛になってしまうので、あくまでもやわらかなタッチで。金具をアイホールにつけたまま、ひじを上げていくのがポイント。

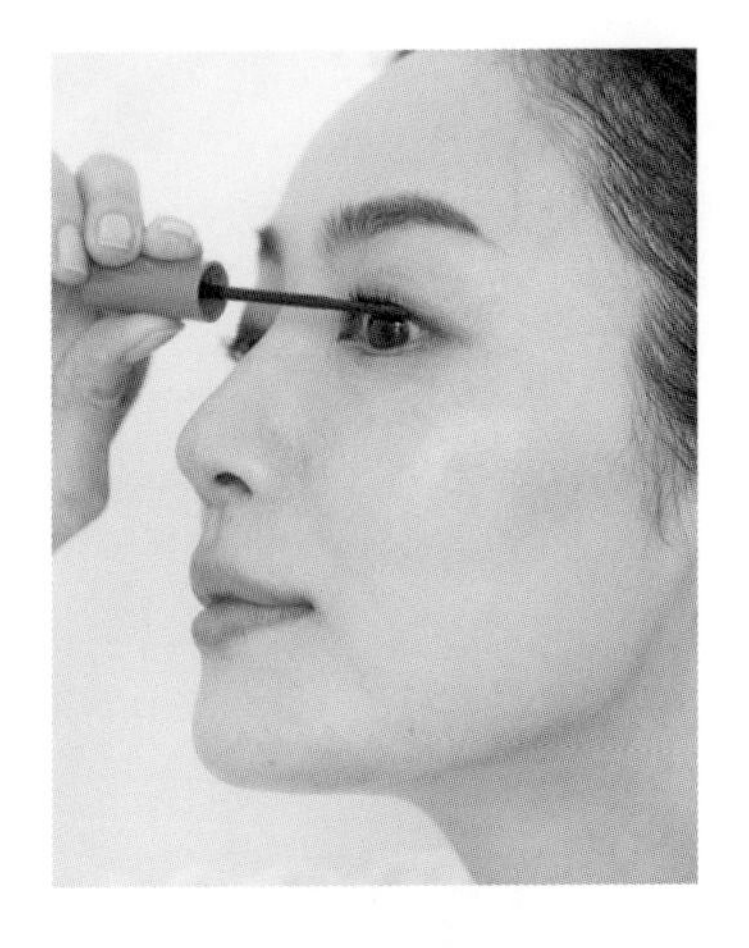

2

カールキープできるマスカラ下地を根元からしっかり塗り、マスカラを重ねます。

あごを上げ、まつ毛の根元に1秒押しあててから、スッと抜くと根元にマスカラ液がつきアイライン効果も生まれます。

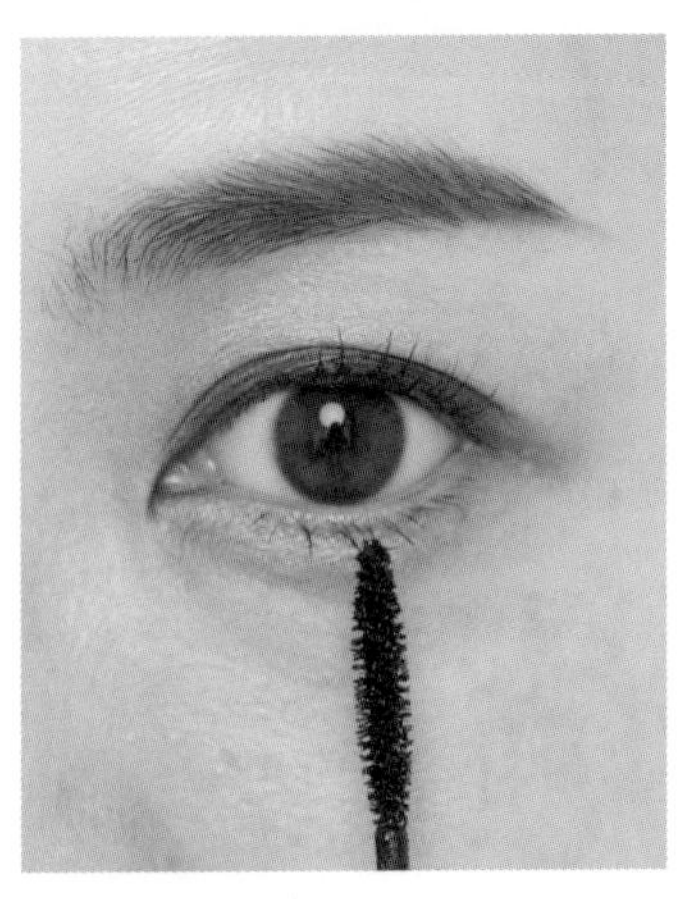

3

下まつ毛はマスカラを縦にして上から下に液をなじませます。
マスカラはお湯で落ちるタイプのものが、汗や皮脂に強くオススメ。

Reina's Method

目と目の間隔によって、アイラインの入れ方を変える

アイメイクをする際に、チェックしてほしいのが、ご自身の両目の間隔です。目安となるのは、**目と目の間隔が、片目の横幅よりも広めか狭めか。**

広めの方は、アイラインを目頭まできっちり入れてみてください。また、下まぶたも目尻から黒目の外側までまつ毛の間を埋めるように軽くアイラインを入れると、視線が内側にぐっと寄りキリッと見えるはずです。黒を使うとかえって目が小さく見えてしまうので、ブラウンなどやわらかい色味を選んでください。

反対に狭めの方は、目頭側にはアイラインを入れずに2ミリほどあけましょう。この法則は、アイシャドウにも使えるテクニックです。ちょっとしたことですが、これだけで顔のバランスがぐっとよく見えるようになりますよ。

Reina's Method

つけまつ毛で まぶたをリフトアップさせる！

実は大人の女性にこそつけまつ毛がとっても効果的なのです！　というのも、つけまつ毛は黒い軸と細かな毛からなるもの。この軸がアイラインの役割も兼ねてくれるので、**つけるだけでマスカラとアイライナーの役目を果たす一石二鳥アイテム**なのです。しかも、カーブや長さによって印象を変えられるので、洋服を選ぶようにまつ毛で印象チェンジも可能です。つけるときのコツは、軸の真ん中を持って視線を下げること。軸に専用ノリをつけたら、まつ毛の上からかぶせるように真ん中、目尻、目頭の順に軽くおさえてまぶたのキワに装着し、乾いたらまつ毛とつけまつ毛をコームやスクリューブラシでなじませます。失敗したらすぐに外せるのも、つけまつ毛のメリットです。ぜひ試してみてくださいね。

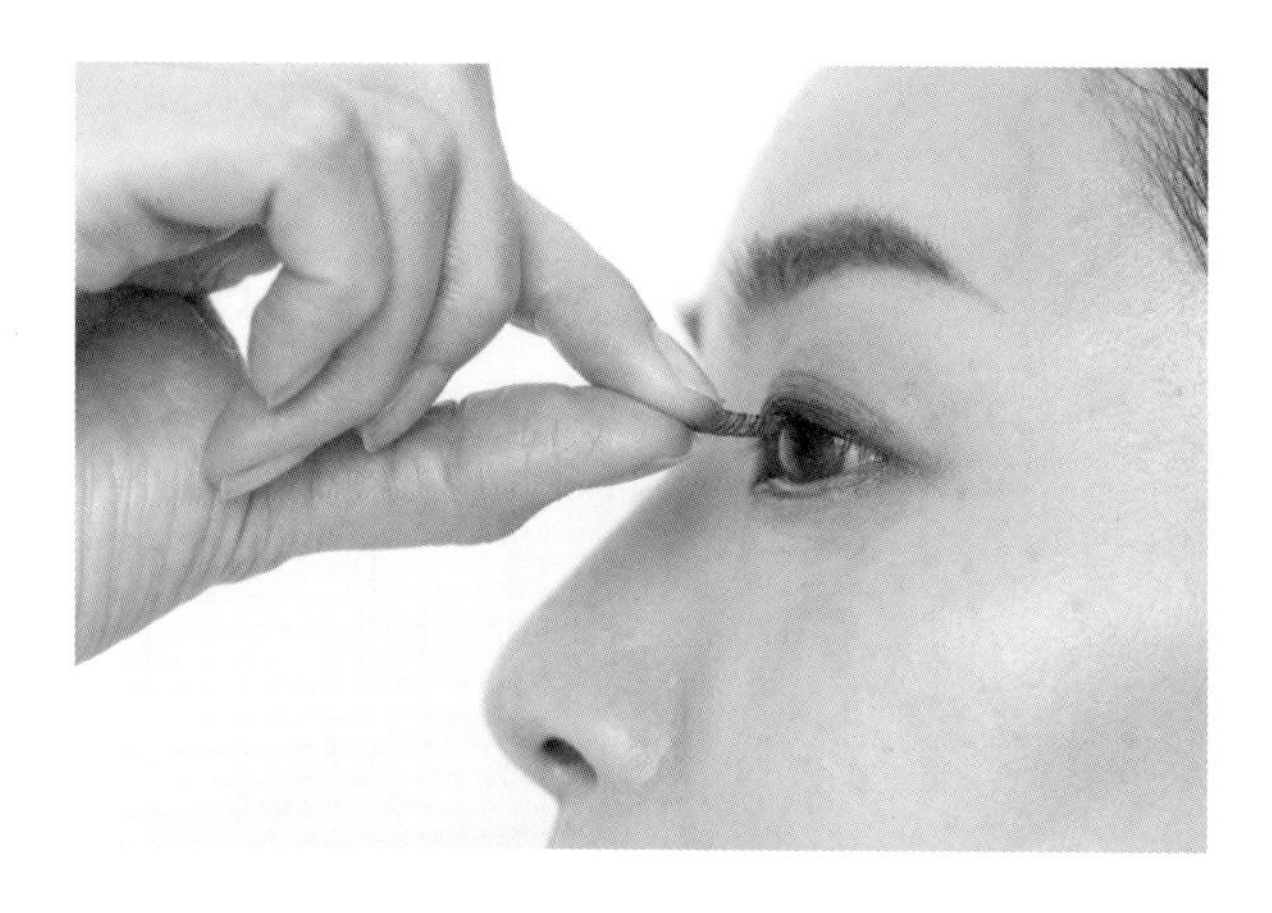

ランダムな毛束で、抜け感のある仕上がりに。エアリーカールラッシュ 03 1,200円＋税／ディー・アップ

スッと繊細な毛束でピュアな目を演出。エアリーカールラッシュ 02 1,200円＋税／ディー・アップ

Reina's Method

失われた下まつ毛は「ぼかしライン」で再生

年齢を重ねると、重力に引っぱられて顔全体が面長になることもあります。そんなとき**下まつ毛は、目の下からあごまでの距離を短くしてくれる大切な存在です。**実は大人のメイクにこそ、下まつ毛がその威力を最大限に発揮するのです。けれども、多くの方の下まつ毛は上まつ毛よりも細くまばらに生えています。だからといって諦める必要はありません！　そんな時は、アイラインを使って、下まつ毛があるかのように見せていきましょう。

使うのはペンシルアイライナー。下まつ毛の根元にペン先を寝かせてうっすらと線を引き、上から同系色のアイシャドウをなじませてぼかすだけ。目頭はもともと下まつ毛そのものの毛量が少ないため、目頭部分には手を加えず、目尻を中

下まつげ再生法

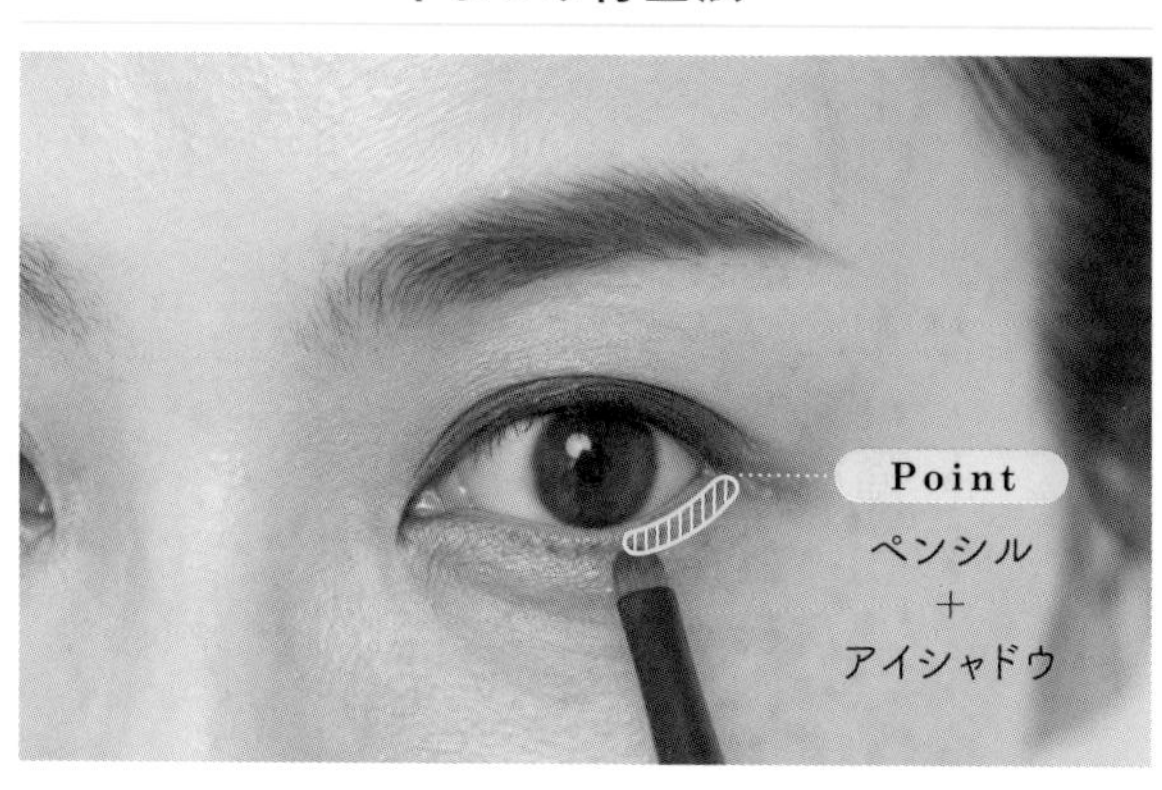

心に描きます。これで**下まつ毛が増えたように見せることができます。**

もちろん、今ある下まつ毛にマスカラを塗ることも忘れずに！　下まつ毛にマスカラを塗るときには、ブラシを縦にして左右にスライドするようになじませれば、マスカラ液が毛の全面につきボリュームアップすることができます。

ただし、ダマにもなりやすいので、マスカラが乾く前にスクリューブラシやコームでまつ毛を軽くとかしてください。フェイク下まつ毛で、小顔メイクが簡単にかないます。

Reina's Method

目は「黒」ではなく「パール」で囲む

目を大きく見せようとしてついしてしまいがちなのが、黒や茶色による「囲み目」メイクですが、実は余計に目を小さく見せてしまうのです。そのうえキツイ印象にも見えてしまうため、大人にはあまりオススメしません。

そのかわり、どんな年代の方にもオススメできるのが「光による囲み目メイク」です。仕込むのは、ベージュ色のアイシャドウ。光を受けるとパールのような輝きを放つものなら最強です。そんなパールベージュのアイシャドウを下まぶたの涙袋に塗ってみてください。下まぶたは目の反射板です。女優さんが舞台などで下からの光を受け肌を美しく見せるように、**下まぶたにパールベージュを仕込むだけで白目がクリアになり、目を大きく見せることができます。**

Reina's Method

くすみ目を解消する「ベージュのアイベース」

「まぶたが茶色くくすみやすく、キレイなアイシャドウを塗っても思ったように発色しない」。そんなときの救世主が目元専用のメイク下地「アイベース」。

くすんだまぶたに一枚フィルターを仕込むので、その後につける**アイシャドウの発色や色持ちが格段にアップします。**利用しない手はないですよね！ ベージュ色のアイベースがあれば、目元下地としてはもちろん、アイベースをアイシャドウがわりに使うこともできます。また、下まぶたの涙袋に小指の先でなじませれば、瞳をツヤやかに演出してくれる効果も。上まぶたに使うときには、アイシャドウと同じように指にとり、黒目の上にトントンとのせ、そのまま目尻、目頭にもトントンするだけ。簡単・時短で目元の明るさを引き立ててくれますよ。

Reina's Method

下がった目元には、「目尻の3ミリライン」が効く

目尻が下がってきたり、なんとなく目元がぼんやり見えたり、まぶたが重くかぶさってきたり……。悩みのつきない目元を、一気に5歳若返らせてくれるテクニックが「目尻に3ミリのばしたアイライン」です。

134ページでご紹介した「点々アイライン」を引いたあと、**目尻の少し手前から力を抜くようにして、真横に線をのばしてください。**イメージとしては、目尻にまつ毛を1本足すような感覚です。真横にスッと筆先を抜くようにして2～3ミリ線が延びれば十分です。目の端のラインが決まるので、緩んでしまった目元がハッキリします。まつ毛のないところにまつ毛のように描くのがポイントですから、線は繊細なほうが自然。リキッドのブラウンアイライナーが最適です。

Reina's Method

お疲れ顔にならない！仕上げの「目尻コンシーラー」

年齢とともに目尻が下がると、同時に目尻の下に影が出て目元全体が黒ずんで見えてきてしまいがち。この目尻の影は、疲れて見えたり、老けて見せたりしてしまう原因になるので、アイメイクの仕上げの段階でコンシーラーで消して、明るく補整しましょう。**オレンジ色のコンシーラーを指にとり、トントンと2〜3回おく**ようにして目尻になじませたら、スポンジにフェイスパウダーをとり、上からキュッとスタンプを押すようにしておさえます。これで一日明るい目元の完成です。目尻の影が消えると、フレッシュな印象がきわだつだけでなく、目元がキュッと上がって見える効果もあります。朝のアイメイクの仕上げにこのテクニックを取り入れると、その日一日、ハツラツとした印象をキープできますよ。

Reina's Method

まつ毛も美容液でしっかり育毛！

まつ毛美容液を塗ると塗らないとでは、ハリや密度が格段に変わってきます。ドラッグストアに行けば、1000円台で買えるものもあるので、ぜひ取り入れてみてください。まつ毛は髪の毛と同じように毛周期がありますが、年齢とともにサイクルが乱れ、未熟な毛しか育たなかったりすることも。すると、ゴシゴシ目をこすっただけで抜け落ちてしまう……、なんてことになりかねません。

マスカラやまつ毛美容液を塗るときも、クレンジングでメイクオフするときにも、**ゴシゴシは極力控え、まつ毛の根元から毛先に向かってお手入れ**してください。

まつ毛美容液は使い続けていると、1カ月ほどで効果がわかるはずです。変化が目に見えると、キレイになるモチベーションもきっと高まりますよ。

REINA'S TIPS 5

体も心も冷やさない。それがキレイな人の秘訣です

心と体は密接に関係しているため、体の冷えはダイレクトに気持ちの冷えにつながります。私自身も、以前は夏でも手足の先が氷のように冷たく、気持ちもなかなか前向きになれない時期がありました。それに撮影スタジオは大抵コンクリートづくりのため、どうしても冷えがちです。なので、普段から体を冷やさないように、レッグウォーマーや腹巻きを欠かしません。また、一日の終わりには、お風呂に塩を入れて体を温めたり、電子レンジでチンする玄米カイロで首やひざを温めたりと、その日の冷えはその日のうちにリセットするように心がけています。

特に冷えやすい方は、体を温める作用のあるものを積極的に食べることも大切です。根菜類など土の下で育つものや、北国でとれるもの、しょうがなどを意識し、野菜の中でも体を冷やす葉ものや甘いもの、南国のフルーツはひかえめに。私はたんぱく質もしっかり摂るようにしています。

また、イライラ、クヨクヨすることも、心が冷えて血液の循環も悪くなり、キレイから遠ざかります。そんなときはゆっくりお風呂に浸かると体の芯から温まり、心もほぐれて元気を取り戻せますよ。

Part 6

リップメイク

幸せ顔のカギは
唇の「ふっくら感」

Reina's Method

「ふっくら唇」な人は、なぜか美しく見える

「やさしそう」「幸せそう」「毎日楽しそう」――角がなくふっくらとした唇は、そんなふうに見せてくれます。

そう、唇は幸せそうな表情に見せるためのパーツなのです。しかもリップメイクは、「口紅を塗るだけ」と、とても簡単にできるワザ。メイクしないこと自体もったいないパーツだと言えるのではないでしょうか。

理想は、本来の唇を活かしつつ、無理なくボリュームアップしたリップメイク。めざしたいのは、ふっくらと形のいい**ハートのように見える唇**です。

しかし、年齢を重ねると唇そのものが痩せて薄くなり、乾燥などにより唇の色はくすんできます。そのうえ、重力と表情グセで口角は下がりやすくなることも。

唇は顔のなかでも自ら潤うという機能がないため、**ケアとメイクを並行して行うことが大人になるほど大切です。**

まずはリップケア。朝晩のスキンケアのついでにリップクリームやリップ美容液を塗る習慣をつけましょう。特に寝る前は、たっぷりとオーバーめに塗るのがオススメです。すると、朝にはやわらかな唇になっているはずです。

しっかりケアができていれば、それだけでふっくらとした唇に整います。

次に、メイクでめざすのは、無理のない血色感のある唇です。

まずは1本、「コーラルピンク」の口紅を用意しましょう。**コーラルピンクは、年代を問わずに日本人の黄みがかった肌を、自然に明るく健康的に見せる万能カラーです。**

ツヤのあるタイプの口紅を選び、唇の中央から左右になじませます。

ふっくらと整った唇は、それだけで話す言葉が素敵に感じられたり、手元の仕草までも美しく、品のよさを引き立ててくれる、女性の武器になるパーツです。

今からでも間に合います！　ぜひ、丁寧にケアしてみてください。

Reina's Method

口角のくすみを消して「ハート形の唇」をめざそう

リップは女性らしさや、豊かさ、やわらかさを象徴するパーツです。そんな唇の長所を引き立てるための「仕込みワザ」があります。それが、コンシーラーで**口角の影を消すこと**。

誰しも、長く生きるほどに重力によるたるみの影響を受けます。特に口元は、顔のなかでいちばん下にあるパーツですから、額、目元、頬などのたるみの影響が一点に集中してきます。さらにコロナ禍でマスクをし続けた影響もあって、明らかに口角がたるんで影ができてしまった方も急増しています。そんな影を消してくれるのが、**コンシーラー**。口元は、目元と同じように顔のなかでも動きの多いパーツのため、やわらかめの質感が最適です。色は、肌色から浮かないように、

＼この部分のくすみと影をカバー／

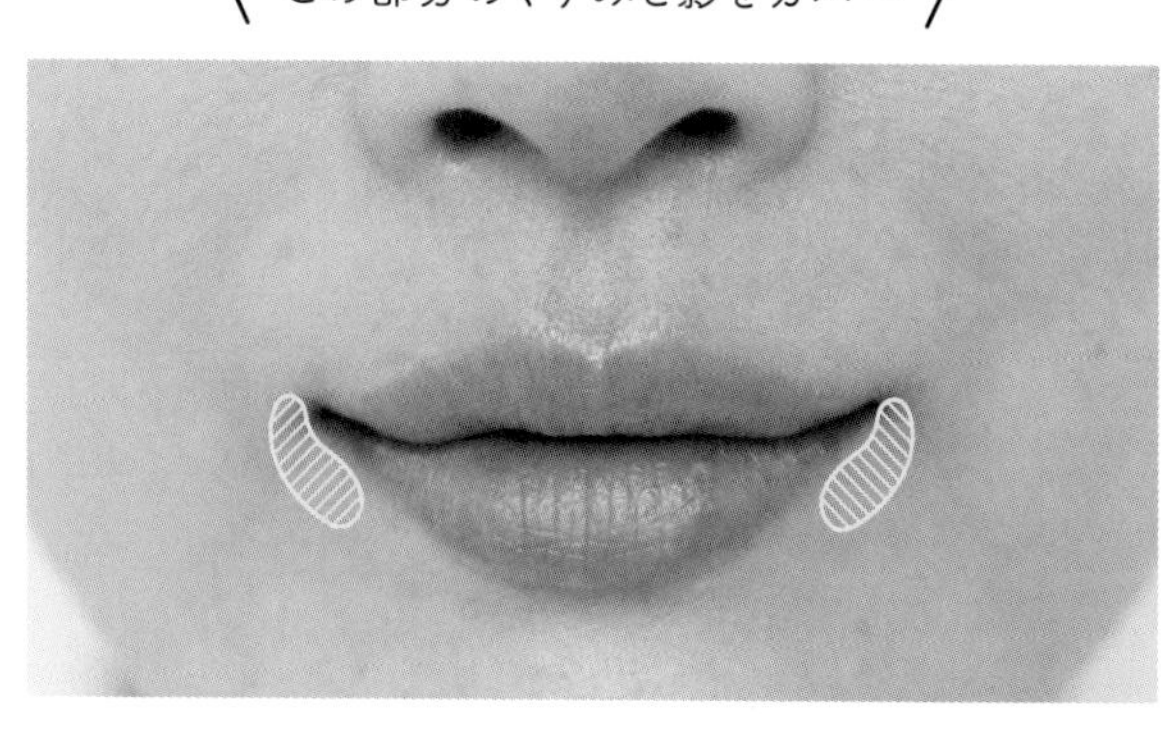

手の甲で黄色とオレンジをブレンドしてください。もしなければ、お手持ちのファンデーションでも大丈夫です。

ブラシやチップで、口角の端の影を消すように少量なじませます。

内側から舌で口角部分を押し出すようにすると塗りやすいですよ。なじませたあとは、**何もついていない指の腹で軽く触り、まわりの肌と一体化させるだけ。**

このひと手間で口元がワントーン明るい印象に整い、笑わなくても自然にほほ笑んだような表情に見せることができますよ。

少しのことで大きな差が出るのもメイクの楽しさです。

Reina's Method

リップライナーで、痩せた唇をボリュームアップ

「気づいたら口紅の色がすっかりなくなっている」「マスクやグラスに口紅がつくのが気になるから、リップメイクが楽しめない」……。そんな悩みを解決しつつ、痩せた唇をふくよかに見せてくれるのが、**リップライナー**です。

リップライナーと聞くと、80年代や90年代の輪郭くっきりのメイクを思い出す方もいらっしゃるかもしれません。もちろんラインを引くという役目もあるのですが、取り入れたいのは、自分の唇に合った色を選んで、**唇の輪郭だけでなく、中まで塗りつぶすことで、色持ちのいい「自然なハート形リップ」に見せる方法**です。

理想の唇は、上下のボリュームが1対1であること。特に年齢を重ねるとボ

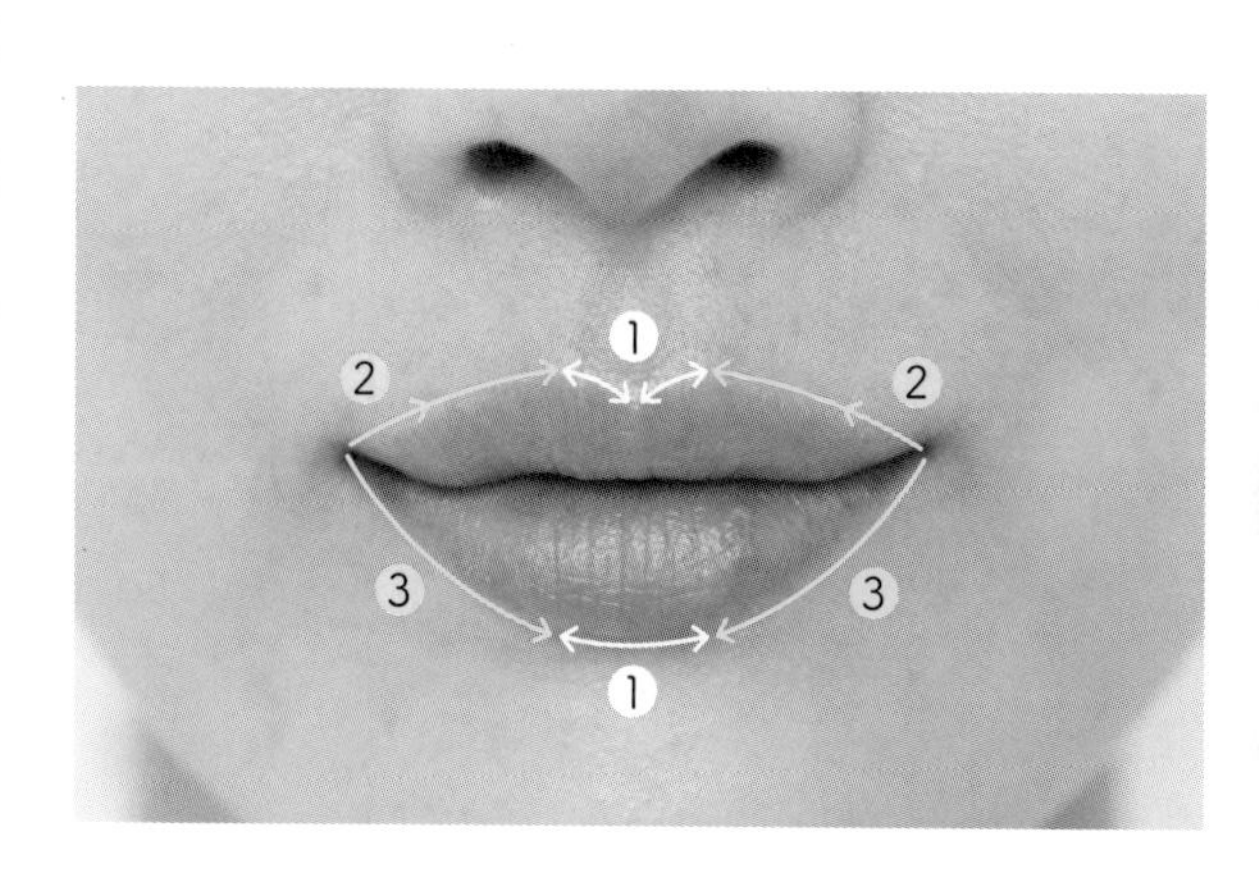

リュームがなくなってくる口角から上唇の山にかけてのラインを1～2ミリ補整します。**下唇はオーバーぎみにすると口角が下がって見えるため、**口角部分は輪郭の内側にペン先を入れ、徐々に輪郭の上をなぞるようにして中央までつなげます。あとはリップライナーで全体を塗りつぶし、指でトントンして色をなじませます。

リップライナーで色を仕込んでおけば、上から塗る口紅がとれても自然な血色感が残ります。もちろんここまで整えたら、口紅を重ねず、唇の中央にグロスで少しツヤを出すだけでもOK。十分に魅力的な唇に整っているはずです。

Reina's Method

誰でもキレイに見えるコーラルピンクの「舞妓塗り」

多くの方が迷ってしまうのが、口紅の色選びだと思いますが、どんな方にでも似合うのは、「コーラルピンク」です。黄色みがかったピンク色は、日本人の肌に自然になじみ、**年齢にかかわらず表情を明るく引き立ててくれます。**色名として「コーラルピンク」と書いてあればベストですが、ブランドによってはＯＲ（オレンジ）やＢＥ（ベージュ）、ＰＫ（ピンク）という色の範囲の中で似たような色をラインナップしている場合もあります。迷った場合には、青みではなく黄色みを帯びたピンク色を選んでみてください。

ただし、マットすぎるものは乾燥してしまうので、大人の唇にはＮＧです。自然なツヤ感のあるものを選びましょう。

口紅は、薄い層を重ねたほうが色の持ちがよくなります。

まずは、直塗りで上下の中央に舞妓さんのように色を塗ります。

次に口角から中央に向かって色を塗りましょう。全体に色がのったら上唇と下唇を重ねてパッと離します。「ん〜〜、パッ！」とするくらいで十分です。

そのあと、指で輪郭をトントンすると、事前に仕込んだリップライナーと自然になじみキレイに仕上がります。

その後、ティッシュで余分な油分をオフし、上からブラシを使って色を重ねるとより鮮やかに仕上がります。

Reina's Method

「パウダーチーク」と「ハイライト」でフレッシュな小顔が完成

リップメイクが完成したら、「パウダーチーク」と「ハイライト」で仕上げましょう。**このステップで、フレッシュな印象と、立体感が一層引き立つのです。**

パウダーチークは、肌なじみのいいコーラルピンクがベストです。ブラシにとり、90ページで入れたクリームチークの上にさっとヴェールをかけるように色をのせます。さらに、ブラシに残ったチークを額、上まぶた、あご、フェイスラインにも。このひと手間で、全体に血色感がふんわりと宿り、どんなメイクもひとつにまとめることができます。さらにハイライトを指に少量とり、鼻すじと目尻脇、唇下にピンポイントでなじませます。目のまわりに光を集めることで白目がクリアに見え、骨格に一段とメリハリが出て、小顔効果もアップします。

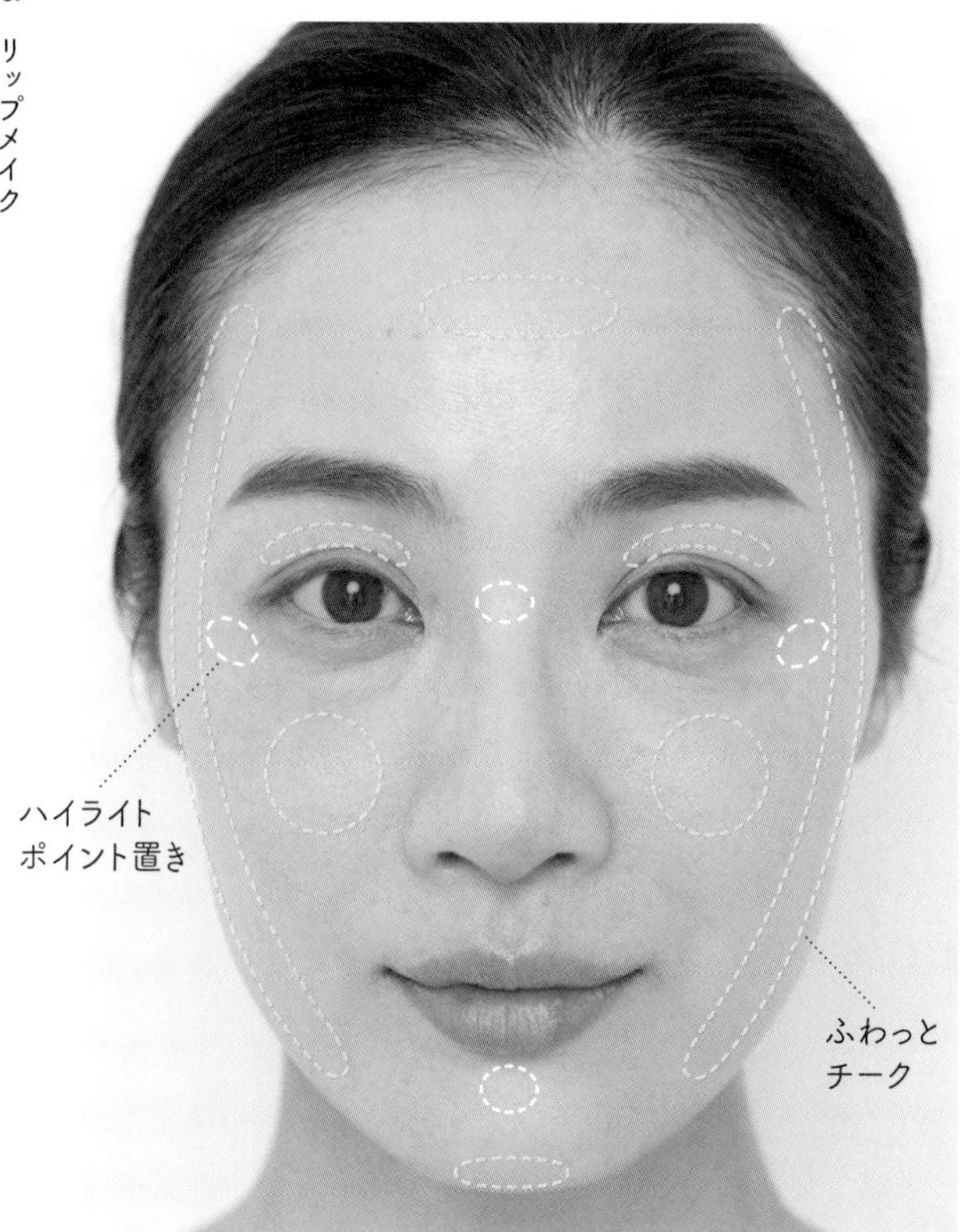

パウダーチークは両頬、額、上まぶた、あご、フェイスラインと、広い範囲にうっすらと。ハイライトは、目尻脇、目と目の間の鼻すじ、唇下と、ピンスポットを当てるように範囲を狭めて効かせる。

Reina's Method

コロナ禍で進化したトレンドリップをご紹介！

コロナ禍で目覚ましい進化を遂げたのが、リップ。

マスクについてしまうからと、従来の口紅が全く売れなかった数年の間に開発が進み、トレンドが一気に変わりました。落ちにくいのはもちろん、潤いをキープしてくれる商品も数多く登場しています。しばらく口紅を塗っていないという方にこそ、ぜひ使っていただきたいアイテムがたくさん！

なかでもくすみがちな大人の唇にオススメしたいのが、「リキッドリップ」と「ティントリップ」です。

リキッドリップはひと塗りでキレイに発色し、みずみずしいツヤ感と潤いを唇に与え、おしゃれなぬけ感を出せるのが特徴です。手軽にパッと華やかさをプラ

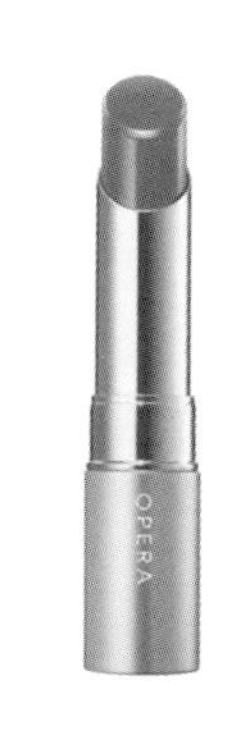

透明感のある発色で潤いながら長時間色持ちもキープ。オペラ リップティント N 17 全8色 1,600円＋税／イミュ

ひと塗りで高発色、潤いあるマットな質感が持続。ルージュ デコルテ リキッド 07 全15色 3,500円＋税／コスメデコルテ

スしたいときにぴったり。

ティントリップは、唇を軽く染め上げる効果のあるリップのことをさします。普通の口紅よりも色素が唇に長くとどまるため、口紅の下地代わりに使うと、一日中顔色がよく見えます。

もちろん、ティントリップのみでもOKですが、なかにはマットな質感のものもあるため、ツヤを足したい場合は、上からリップ美容液などをなじませるのもオススメです。

唇にちょっと血色をプラスするだけで、元気も気力も湧いてきますよ。

Reina's Method

小さめ唇さんはツヤ、大きめ唇さんはソフトマット

リップは定番のコーラルピンクのほかにも、唇の大きさに合わせて質感や色を選べば、よりあなたの良さを活かしたメイクを楽しめます。

唇が小さい方は、ツヤのあるタイプを選ぶとふっくら見せることができます。グロスなどもいいですね。また、小ぶりな唇は色が主張しすぎることがないため、明るめの色もよく似合います。一方、唇が大きい方は、リップがチャームポイントです。唇そのものに存在感があるため、**ソフトマットな質感やベージュ寄りのカラー**も品よく決まります。またハッキリとした色をつけるときに、小さめ唇さんは少しオーバーめに、大きめ唇さんは塗った後に軽くティッシュオフしたり、指でなじませるように塗ると、一気におしゃれ度が増すはずです。

REINA'S TIPS 6

眠る前の環境づくりが翌朝のキレイにつながります

肌は睡眠中に修復されるため、だらだらと寝るよりも、たとえ短時間であってもいかに「質のいい睡眠」をとれるか、の方が何倍も大切です。

そのために、忙しくても夜は必ず湯船に入って、体を温めましょう。そして、入浴後は蛍光灯ではなく白熱灯の明かりに変えて、スマホやパソコンは機内モードにして、メールなどもできるだけ控えたほうが◎。

寝具やパジャマなどの素材も眠りに影響します。なかでもシルクには体の毒を排出する効果があるといわれていて、肌触りもいいので心地よく眠りにつけます。

また、眠る前には、いろいろと考えないことも大切です。直前までイヤなことや仕事のことなどを考えていると、朝起きたときにかえって疲れていたりするものです。一日の反省をしたら、これからやりたいこと、行ってみたい場所など楽しいことをイメージして眠りにつくと、睡眠中にエネルギーが充填されて翌朝気持ちよく目覚められます。そうすると肌もベースアップされて、メイクだってキレイに仕上がりますよ。

Part 7

ヘアケア

「髪の毛まで
キレイな人」になる

Reina's Method

ツルツルの潤い髪には、大人の余裕が表われる

せっかくキレイにメイクされているのに、髪ももう少しお手入れしたらもっと素敵なのにな……、電車などに乗っていると、よく思ったりします。

髪が美しいと、それだけで日々豊かに、丁寧に暮らしているという印象を与えます。特に髪の表面には、その方の気持ちが表われるようにも思います。私自身、忙しくてバタバタしていると、なんだか髪の毛もパサついてきて、鏡をふと見て自分の姿にハッとさせられることがよくあります。

それくらい、女性にとって髪の美しさは、**全身にほとばしるキレイのオーラ**みたいなものだと思います。後ろ姿で若く見られて男性に声をかけられた……なんてこともあるくらいに、髪の毛は、人から見られる印象を大きく左右するパーツ

なのです。

特に、毛には生命力を感じさせる力があります。ツヤやかで潤いに満ちた髪は、イキイキとした魅力づくりに欠かせません。**大人の髪に必要なのは、豊かに見せるためのボリューム感と、潤い感を表すツヤです。**髪の長さや色はあまり関係ないのです。ボリューム感は、髪の土台となる地肌のケアと根元をつぶさないスタイリングで手に入ります。そのためには正しいシャンプーの仕方と、根元をふんわりさせるドライヤー使い、頭皮を適度に刺激するブラッシングがカギになります。ツヤには、トリートメントなどの潤い補給とブラッシングが大切です。

シャンプーもトリートメントもドライヤーも、普段からみなさんが毎日行っているお手入れです。せっかくのキレイになるチャンスを、なんとなく作業のようにしてしまってはもったいない！　同じ時間を使って、ぜひキレイに近づく方法を実践してみてください。

特にヘアケアは、今まで向き合ってこなかった方ほど、変化がすぐに感じられます。きっとテンションも上がって、お手入れへのやる気も高まるはずです。

Reina's Method

後頭部のボリューム感で3倍美人になる

毛は若さや生命力、元気さの象徴です。しかし、どうしても年齢とともに量が減るばかりでなく、少しずつ毛そのものも細く弱々しくなってくるものです。髪のボリュームは、全体の華やかさに大きく関わります。

特に、後頭部のふんわり感は、豊かな印象を左右します。しかし日本人は、欧米人と比べて骨格的に後頭部にボリュームがありません。ですから、ヘアカットの仕方やスタイリングによって後頭部をふんわりさせてあげることが、毛量そのものが減ってきた大人には大事なポイントになります。

後頭部にボリュームがあると、全身のスタイルも美しく見せることができます。また、**顔まわりのボリューム感も、華やかな印象づくりには欠かせません。**

特に額の後退は、毎日鏡で見ていると気づかないものですが、突然「あれ!?」という日がやってくるもの。以前、私が被写体として撮影されたときのことです。撮影画像をモニターで見たときに「あれ？　なんだか思っている以上に額が広くなっている！」と、あわてて生えぎわをアイブロウパウダーで埋めた経験があります。

額の後退は、白髪の増加でそう見える場合もありますし、いつもアップスタイルにしていたり、同じところで分け目をつくっているのも原因のひとつです。ヘアマスカラなどで応急ケアをすることもできますが、前髪をフェイスラインに沿うように流す、おしゃれなウィッグを使ってみるなど、ヘアスタイルでカモフラージュすることも可能です。

髪は本来のクセや毛質もありますが、シャンプーをボリュームアップタイプのものに変えたりするのも効果的です。**髪は顔の額縁とも言われる大切なパーツ。**

メイクは、顔だけを考えるのではなく、ぜひヘアスタイルも含めて考えてみてください。その意識が、より一層素敵なあなたへと導いてくれるはずです。

Reina's Method

髪のボリュームが出るシャンプー法

私自身、40代に突入したときに「なんだか今までと顔が違う」——そんなことを感じるようになりました。そこで、それまで意識を向けていなかった頭皮をほぐすようにしたところ、顔の印象が変わりはじめたのです。よく考えれば頭皮と顔はつながっているから当然です。以来、メイク前にモデルさんたちにも頭皮マッサージをするようにしてみたら、目の開きや肌の透明感が格段にアップし、メイクだけでは難しかったイキイキとした表情を引き出せるようになりました。

頭皮は、健康な髪を育てるためのいわば畑です。カチカチの畑では当然、健康な髪は育ちません。頭皮ケアの基本はシャンプーです。シャンプー＝髪を洗うものと思いがちですが、実はシャンプーという言葉は、サンスクリット語で「マッサージ」という意味。**シャンプーは頭皮をマッサージするつもりで行いましょう。**

手を熊手のようにして頭皮をつかみ、指の腹で前から後ろに向かってジグザグを描くように洗ってあげましょう。頭皮をしっかり指の腹でとらえると、シャンプーの泡立ちもよくなります。**頭皮のコリがとれてくると、額のシワの改善や顔のリフトアップ効果も期待できます。**また、毛穴の奥の皮脂や汚れもキレイに浮き上がり、立ち上がりのいい髪に整います。毛髪表面の汚れは、シャンプーの泡を手ぐしでなじませれば、十分キレイに落とせます。

また、ボリュームダウンの原因として意外と多いのが、シャンプーやトリートメントのすすぎ残しです。すすぎ残しはベタつきの原因にもなりますし、頭皮の炎症を招きます。せっかく正しいシャンプーを意識しても、すすぎ残しがあっては台無しです。髪の長さや量にもよりますが目安としては2〜3分、ヌルつきがなくなるまでしっかり洗い流すことが大切です。

美容は日々の積み重ねですから、毎日のシャンプーを見直すことは、美顔器やたまに行くエステよりも断然効果的ですし、はじめた方から差がつくはずです。

Reina's Method

ドライヤー前のヘアオイルで、毛先までツヤツヤに

「いつもよりいい感じになれた！」「清潔感のある人に見える」「女性らしくてキレイ」――これらの言葉は、レッスンの最後に、ちょっとだけヘアを整えたときにみなさんからあがる声です。

メイクを素敵に仕上げたら、最後にひと手間、髪に潤いをプラスすると、見た目の印象がさらに変わるのです。

髪の毛は、肌とは違い、自分で潤いを生み出すことができません。ですから、シャンプーのあとには、毛先に潤いを補うひと手間が欠かせません。そこでオススメしたいのが、**ヘアオイル**です。シャンプー後、半乾きの毛先に1～2滴オイルをなじませます。オイルと聞くとベタつきを気にする方もいらっしゃるかもし

アタッチメントをつけかえれば振動と遠赤外線で頭皮ケアもできるドライヤー。スカルプドライヤー プロ 22,000円＋税／ヤーマン〈注〉

顔にも髪にも爪にも、マルチに使える美容オイル。HABA 高品位「スクワラン」 15mL 1,400円＋税／ハーバー研究所

れませんが、それは乾いた状態で塗ってしまうため。濡れている状態でつけると、水分に反応してすぐに浸透します。大切なのは、**毛先にのみ少量、濡れた状態でつけること。**間違っても、上から髪をなでつけるようにつけるのはNGです！ 表面がつぶれてしまい、ボリュームダウンの原因になります。

オイルを手のひらに広げたら、内側から手ぐしを入れるようにして毛先から。その後、ドライヤーでいつも通りに乾かせば、毛先がするんとした髪に仕上がります。

〈注〉2023年5月時点での情報です。店舗によっては製品のお取り扱いがない場合もございます。

Reina's Method

ドライヤーで「ぺちゃんこ髪」をつくっていませんか?

ボリュームダウンした髪をふんわりと見せるためには、ドライヤーテクニックも大切です。覚えていただきたいコツは、「髪を上から押さえつけないこと」。ほとんどの方が朝のスタイリング時、髪を上から下へ引っぱりながらドライヤーでブローをしているのではないでしょうか。それがぺちゃんこヘアの原因です。上からなでつけるとツヤは出ますが、ボリュームダウンを引き起こします。

押さえつけるのではなく、毛束を持ち上げて、下から風をあてたり、手で髪の毛を振りながら根元に空気を送り込みます。ぺちゃんとした分け目は、いちど分け目に対して髪を逆に立ち上げ、根元に温風を送ったあと元の毛流れに整えてから冷風をあてると、立ち上がりがよく仕上がります。

　あとは全体を手ぐしで整えましょう。このときも上から髪を押さえつけるのではなく、手ぐしでやさしく空気を含ませるようにすると、自然なツヤが出るうえ、ふんわりとした髪に整います。

　また、**お風呂上がりのドライヤーは、髪を乾かすよりも、頭皮を乾かすイメージで行います。**風をあてながら、内側の髪をかき上げ、水分を飛ばすように髪を振り動かしたり、頭を下げて、後ろからドライヤーをあててみてください。

　頭皮が乾くと自然とその熱で毛先も乾いていくので、時短にもなります。

Reina's Method

朝の頭皮マッサージで顔色アップ！ 目元パッチリ！

メイク前には、自分自身にもモデルさんにも、頭皮のマッサージを行います。それだけで、くすみが晴れて顔色がよくなったり、目元がパッチリしたりと、**メイクだけではカバーしきれない表情そのもののイキイキ感を引き出せる**のです。

もちろん、ヘアケアにも効果的です。ポイントは**呼吸に合わせて行うこと。押すときは、必ず息を吐いてください**ね。

特に意識したいのは、頭の中央のラインとこめかみからのサイドのラインです。両手を熊手に見立てて、指の腹を使って前から後ろにマッサージします。頭は力をかけにくいので、テーブルにひじをついて前かがみになるような形で、頭を手に預けてみましょう。後頭部までできたら今度はひじを横に広げて頭を両手で抱え

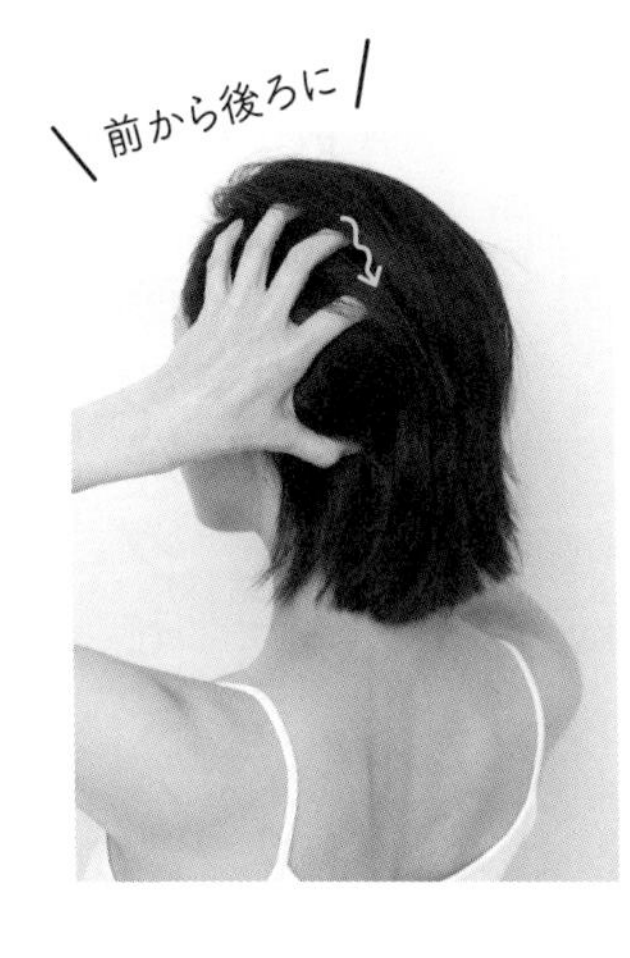

るようにし、首を少しずつ後ろに傾けると、疲れることなくマッサージできます。

頭には無数のツボがあるので、それを刺激するようなイメージで、前から後ろに2～3回。

最後にえり足の付け根のへこんだところ（ぼんのくぼ）の両脇のくぼみを、息を吐きながら親指でギューッと圧をかけるようにします。寝起きでむくんで見えるまぶたもパッチリとしてくるはずです。

頭のマッサージは、疲れ目などにも効果があるので、仕事中などパソコン作業で疲れたときにもぜひ、試してみてください。

とてもスッキリしますよ！

Reina's Method

朝の寝グセやパックリ前髪は「根元のピンポイント濡らし」で解消

朝の寝グセ、何度やっても直らない！　という方も多いのではないでしょうか。髪のクセは根元から発生しています。ですから毛先がぴょんと跳ねた寝グセも、パックリ前髪も、毛先だけ濡らしても直りません。霧吹きやヘアウォーターなどで根元をしっかり濡らしてからドライヤーの温風で整えたら、必ず冷風をあてて形をキープさせてください。髪は温めると形を変え、冷めていく過程で形が決まっていくという性質を持っています。すると、髪の表面にあるキューティクルという保護膜がキュッと整うため、ツヤやかでまとまりのいい髪に仕上がります。

美しいヘアスタイルの秘訣は、濡らしたあとに放置しないこと。すぐに**温風↓冷風**の順で乾かせば、おさまりのいいヘアスタイルに整います。

Reina's Method

猪毛ブラシで縮れた髪をまとまりやすく

ヘアケアアイテムで特に大切なのがブラシです。なかでも手にしたいのはクッション性があり、**豚やイノシシなどの毛を使ったブラシ**。プラスチックのものと違い、クッション性があることでとかすだけで頭皮のマッサージにもなりますし、適度な脂分を含んだ毛が、髪の毛にツヤを与えてくれます。朝のスタイリングの際に、頭の筋肉に沿うよう、額の生えぎわからえり足に向かって、**真ん中・左右のこめかみ・耳後ろをまんべんなくブラッシングするだけ。**

これだけで顔がリフトアップしますし、確実にボリュームも出て髪質が変わりますよ！

私も愛用しているオススメのブラシ。コンボパドルブラシミニ　3,400円＋税／ジョンマスターオーガニック

Reina's Method

目元をパッチリ見せる隠しワザ「引っぱりヘア」

朝起きたら目元がぼんやり……。でも今日は目元をパッチリ見せたい！――そんなときのとっておきの秘策が「引っぱりヘア」です。

引っぱるのは、こめかみ部分。生えぎわが飛び出して角になっている部分があると思います。実際に鏡を見ながら髪の毛を引っぱってみてください。目元がキュッと上がるはずです。実はこのポイントは、美容整形のリフトアップ手術の際にポイントとなる場所。**目元とダイレクトにつながっているので、ここの髪を引っぱることで、目元をパッチリ見せることができるのです。**

方法は、こめかみの角の毛を少量とり、ねじりながら引っぱってとめるだけ。地肌に沿わせて引っぱり上げて、ピンでとめます。せっかくの引っぱりヘアが落

ちてこないよう、毛束はほんの少量、ピンは2本をクロスしてとめるとしっかり固定できます。またパチンととめるタイプのピンもホールド力があるのでオススメです。

引っぱり上げた髪と合わせて、全体を低めのハーフアップスタイルにしてもいいですし、上から髪をかぶせるように整えれば、いつも通りのダウンスタイルを楽しめます。

後頭部をふんわりさせれば、ナチュラルで華やかなヘアが完成しますよ。

Reina's Method

いつものまとめ髪も「つまみ出しテクニック」でおしゃれに！

同じまとめ髪でもおしゃれに見えるかどうかは、「トップのふんわり感」と、「顔まわりのニュアンス」にかかっています。まとめ髪のときには、かためのワックスを手のひらに薄くつけ、ざっくりと全体をひとつにまとめましょう。手ぐしだとラフに仕上がりますし、ブラシを使うなら、オールバックにするつもりでブラッシングしてみると、毛流れが上向きになりフレッシュな印象になります。ヘアゴムなどでひとつにまとめたら、**結び目をおさえながら、トップの髪を指先で少量ずつつまんで引き出してください。**

また、顔まわりも耳上の髪を同じように少量つまんで自然に引き出します。これだけで今っぽいふんわりとしたリラックス感のあるまとめ髪ができますよ。

Reina's Method

髪と眉、2つの額縁のバランスで自分らしいメイクに

朝のメイクの最後にヘアスタイルを整えたら、髪も含めてもういちど全体をチェックしてみるようにしてください。

特に**眉と髪は、ともに顔の額縁としての役割をもつため、適度なバランスを保つことが大切です。**前髪が多かったり、髪全体が黒い方は、眉はあまり太くしすぎず、明るめに仕上げましょう。反対に額がバッチリ見えるようなヘアスタイルの場合には、ちょっぴり眉を太めに仕上げるとよりフレッシュに仕上がります。

ヘアスタイルをメイクの一部としてとらえると、しだいに微調整すべきパーツが見えてきます。一歩引いて自分を客観的に見てみる。その積み重ねが、自然であなたらしい素敵な姿へ導いてくれるのです。

REINA'S TIPS 7

笑顔こそ、あなたを輝かせるいちばんのメイクです！

いつも笑顔が素敵でいらした方として真っ先に思い出すのが、99歳でご遷化された瀬戸内寂聴先生。不思議なご縁からご指名をいただくことになり、ご著書の表紙や雑誌の表紙撮影時のメイクなど、たくさんのお仕事をご一緒させていただきました。

いつも誰に対しても笑顔を向けてくださり、「和顔施（わがんせ）」はタダで誰でもできるものなのよ、と教えてくださいました。ご自分でもおっしゃっておられましたが、決して美人でいらしたわけではありませんが、なんだか可愛くてチャーミング、誰もがお会いすると自然と笑顔になってしまう魅力を持っておいででした。やはり大切なのは元々の顔の造作ではなく、心の持ち方。年齢を重ねるほど、日々の過ごし方や心の有り様が顔に表われるのだと感じます。

メイクをすると、つい頑張りがちですが、いちばん大切なのは心からの笑顔だったりします。完璧なメイクで無表情な人より、多少ラインがガタついていても、シミが隠れていなくても、明るくて表情が豊かな人のほうがずっと魅力的に映ります。いつも笑顔を忘れずにいてくださいネ。

特別寄稿

最高の化粧品は愛情

瀬戸内寂聴

九十五歳にもなって、婦人雑誌の表紙やグラビアにぬけぬけと出ているおばあちゃんは私である。出版した本のＰＲと称してテレビにも出る。その後、見てくれた人たちから、即電話やメールが届いて、「今日はきれいだったよ」「つけまつ毛がうまくついてた」と言ってくる。その度、「メイクさんがとても上手だったのよ」と言う。レイナさんがその上手なメイクさんである。

私は安心してレイナさんに任せきる。技が上手いというのは、レイナさんが人並み以上に愛情深い心の人だからである。レイナさんのいる限り百歳までテレビに出よう。

※単行本の刊行当時にご寄稿いただきました。

おわりに

最後までお読みいただき、ありがとうございます。
少しでもお役に立てましたでしょうか？

私自身、35歳を過ぎたあたりから突然見た目の変化を感じ、どうしたものかと試行錯誤。メイクレッスンに来てくださるお客様のお悩みとも向き合い、日々研究を重ねるなかで、塗るだけではキレイにならないこと、それよりもっと大切なことがあるということに気づきました。

そしてコロナ禍を経て、目まぐるしく変化する激動の時代。

究極、メイクなんてしなくても生きていけます。

でも、ちょっと肌が整うだけで、血色よく見えるだけで、元気が出て、生きる力が湧いてくるものです。

キレイになることは、一日を前向きに過ごす力を与えてくれます。

限られた時間、限られた人生をどう生きるかは自分次第ですが、せっかくなら、明るく朗らかに過ごしたいものです。

この本でご紹介していることを、1～100まで全部しなくても大丈夫。まずはひとつからでも十分です！

頑張る必要はありません。何よりも大切なのは、楽しむこと。

そして自分を労わり、いつも笑顔を心がけること。

年を重ねるといいこともたくさんあります。年齢なんて怖くありません。いくつになっても、はじめるのに遅いということもありません。それよりも諦めたら最後、本当に急激に老け込んでしまいます。

マスクで隠すことに慣れすぎて、自分の変化をなかなか受け入れられない方も多いと思います。でも、今、ちょっと勇気を出して変わろうと動きはじめるか、もういいやと諦めてしまうかが、人生の大きな分かれ道と言っても過言ではありません。

諦めずに、今からはじめれば明日は今日より確実にキレイになっていきます。これは多くの方々の変化をこれまで目の当たりにしてきた経験から、自信をもってお伝えできます。

きっと生きる力が湧いてきますよ。

もしこの本が、少しでもみなさまの人生がより一層明るく輝くきっかけになれば、うれしい限りです！

最後に、本書を作るにあたり携わってくださったすべてのみなさまに深く感謝申し上げます。もったいないくらい素敵な文章を書いてくださった故・瀬戸内寂聴先生、メイクの心の師匠であるところの丹後一心寺院首 藤原信良師、文庫化を熱望してくださった小野さん、文庫化にご協力いただいた主婦の友社の三橋さん、ライターの畑中さん、カメラマンの玉置さん、モデルの樹神さん、スタイリストの程野さん、お写真と体験談をご提供くださったお客様、デザイナーの斎藤さん、イラストレーターのホンダさん、すべてのスタッフのみなさん、そしてこの本を手にしてくださったみなさま、どうもありがとうございました！

メイクアップアーティスト　レイナ

お問い合わせ先

RMK Division …… 0120-988-271
エテュセ …… 0120-074-316
カネボウインターナショナルDiv. …… 0120-518-520
カネボウ化粧品 …… 0120-518-520
コーセー …… 0120-526-311
コスメデコルテ …… 0120-763-325
ケサランパサラン …… 0120-187178
CPコスメティクスお客様相談室 …… 0120-294-970
ディー・アップ …… 03-3479-8031
THREE …… 0120-898-003
MiMC …… 03-6455-5165
ネイチャーズウェイ …… 0120-060802
ミキモト コスメティックス …… 0120-226810
株式会社セザンヌ化粧品 …… 0120-55-8515
イミュ …… 0120-371367
かならぼ …… 0120-91-3836
ハーバー研究所 …… 0120-82-8080
ヤーマン株式会社 …… 0120-776-282
ジョンマスターオーガニック …… 0120-207-217

スタッフ

撮影　玉置順子(t.cube)

スタイリング　程野祐子

モデル　樹神

編集協力　畑中美香

イラスト　ホンダシンイチ

本文DTP　Sun Fuerza

衣装協力

カイタックインターナショナル……03-5722-3684

本書は、主婦の友社から刊行された『いくつになってもキレイになれる』を、
文庫収録にあたり加筆・改筆・再編集のうえ、改題したものです。

レイナ
メイクアップアーティスト。

早稲田大学在学中に夜学でメイクアップスクールに通う。大学卒業後、大手化粧品会社に勤務し、店頭でさまざまな女性の肌に触れ経験を積む。美容師免許取得。

2006年よりメイクアップアーティストとして活動し、モデルや女優、タレント、文化人、一般女性など、これまでメイクを行った人数は1万人を超える。年齢や顔立ちにかかわらず、その人本来の美しさを引き出すメイクを得意とする。雑誌や広告の撮影と並行して、完全予約制のメイクアップサロンCrystalline（クリスタリン）を主宰し、プライベートレッスンやグループレッスンを通して、女性たちのお悩みに直接アドバイス。シンプルで分かりやすい説明と独自のメイクメソッドは、多くの女性から支持を得ている。

現在、プロ向けの教室と研究室も主宰。

著書に『眉の本』（光文社）などがある。

Instagram アカウント　@reina.official

知的生きかた文庫

「いくつになってもキレイな人」のメイク

著　者　レイナ
発行者　押鐘太陽
発行所　株式会社三笠書房
〒一〇二-〇〇七二　東京都千代田区飯田橋三-三-一
電話〇三-五二二六-五七三四〈営業部〉
　　〇三-五二二六-五七三一〈編集部〉
https://www.mikasashobo.co.jp
印刷　誠宏印刷
製本　若林製本工場

ISBN978-4-8379-8830-4 C0130

知的生きかた文庫

やりすぎないから キレイになれる 捨てる美容

小田切ヒロ

＊肌もメイクも、生き方も軽やかになる本！

厚塗りメイクや心のくもり……「捨てる」ことはあなたの肌が本来持つ力を引き出し、最短でキレイに導きます。この一冊で、いらないものを削ぎ落そう！

太るクセをやめる本

本島彩帆里

＊太るクセをやめたら、ずっと美しく健康でいられる！

食べ方のクセ、考え方のクセ、行動のクセ。無意識のクセが、キレイになるのを邪魔しているのかも。あなたのヤセられない原因を探りませんか？

化粧いらずの 美肌になれる 3つのビューティケア

菅原由香子

＊お金も手間も時間もかからない！ そのままでキレイな素肌の磨き方

「スキンケア」「腸内環境」「食品、化粧品、シャンプーの添加物」――この3つに気を配れば肌はたちまち美しくなる。人気皮膚科医が教える本物の美容法！

C30141